江海直达船舶技术丛书

江海直达船舶砰击颤振及波激振动响应

吴卫国　孔祥韶　王一雯　著

科 学 出 版 社

北 京

内 容 简 介

本书主要研究江海直达船舶砰击载荷及结构响应的数值仿真与试验方法,从江海直达船舶船型特点出发,主要介绍江海直达船舶船首结构形式与特点、三维弹性楔形体结构与三维船首入水砰击载荷模型试验,楔形体结构与船首典型剖面入水砰击过程的理论分析方法,江海直达船舶砰击载荷特性及其数值仿真方法,不同艏型及结构形式的砰击载荷与结构响应数值分析,江海直达船舶砰击颤振与波激振动模型试验关键技术及其特性分析,基于非线性水弹性时域计算方法的江海直达船舶砰击颤振与波激振动响应分析等内容。

本书适合船舶与海洋工程、流固耦合等相关领域科技人员使用,可为安全合理的江海直达船体结构设计奠定基础,为制定相关规范等提供参考依据。本书也可供高校相关专业的研究生阅读。

图书在版编目(CIP)数据

江海直达船舶砰击颤振及波激振动响应 / 吴卫国,孔祥韶,王一雯著. —北京:科学出版社,2025.3
(江海直达船舶技术丛书)
ISBN 978-7-03-076399-0

Ⅰ. ①江… Ⅱ. ①吴… ②孔… ③王 Ⅲ. ①江海直达船–砰击–颤振–研究 ②江海直达船–波激振动–研究 Ⅳ. ①U674.1

中国国家版本馆 CIP 数据核字(2023)第 184323 号

责任编辑:张艳芬 徐京瑶 / 责任校对:崔向琳
责任印制:师艳茹 / 封面设计:无极书装

科 学 出 版 社 出版
北京东黄城根北街 16 号
邮政编码:100717
http://www.sciencep.com

北京中石油彩色印刷有限责任公司印刷
科学出版社发行 各地新华书店经销
*
2025 年 3 月第 一 版 开本:720×1000 1/16
2025 年 3 月第一次印刷 印张:13
字数:260 000
定价:120.00 元
(如有印装质量问题,我社负责调换)

"江海直达船舶技术丛书"序

长江经济带沿线九省二市 GDP 总量占全国的 46%，其中超过十分之一来自长江航运业。江海直达运输线承载着产业从东部沿海向中西部战略转移的货物运输重任，是推动长江经济带发展的关键环节。当前的江海直达船舶呈百舸争流之态，但是缺乏统一技术规范和节能环保标准，已成为制约黄金水道效能发挥、长江航运业高质量发展的瓶颈。

受到长江天然航道对船舶的船长、吃水的限制，以及桥梁净空高的限制，为提高载货量，获取更好的经济效益，往往需要将船舶设计成宽扁型。江海直达船舶既航行于江段又航行于海段，因此必须同时满足江段灵活操纵性和海段可靠耐波性的要求。长江航道自然条件的限制对江海直达船的推进系统和操纵性提出了更高的要求。特殊的船型使其海段航行时易产生砰击和波激振动，同时还要满足屈服强度、极限强度、疲劳强度要求，这使得江海直达船的设计存在诸多挑战。目前缺乏合适的江海直达船舶设计理论及方法、结构强度安全可靠分析方法，以及设计指南、技术规范等，制约着江海直达船的推广及应用。

"江海直达船舶技术丛书"以国家重要科研项目成果为基础，围绕江海直达船型论证、高效低阻船型、高效推进系统与附体节能、适航性、振动与噪声、极限强度、砰击强度、疲劳强度等结构安全可靠性、节能环保技术等关键科学问题与技术问题，努力打造江海直达船舶技术领域的开拓之作，推动我国江海直达船舶技术研究与产业化发展。

希望本套丛书的出版能够填补江海直达船舶技术领域的空白，为江海直达船舶技术的发展、创新和突破带来一些启迪和帮助。同时，欢迎广大读者提出好的建议，促进和完善丛书的出版工作。

前　言

　　长江是中国第一大河，是横贯我国东西的水运大动脉，素有"黄金水道"之称。但是，长江运输船舶缺乏统一的技术标准，是长江航运业发展面临的瓶颈之一。为充分发挥长江黄金水道优势，推动长江经济带的可持续发展，顺应长江运输船舶大型化的发展趋势，满足绿色、高效、经济与安全的需求，人们开发了新一代宽扁型江海直达运输船型。新一代宽扁型江海直达运输船型可有效地突破现有航运瓶颈，解决江船不能出海、海船不能入江的难题，实现江海直达运输，有效推进长江航运业发展。

　　由于船长受长江航道曲率半径的限制，同时也受长江航道水深、桥梁高度的限制，船舶的型深和高度均受到限制，因此为提高船舶载重量只能增加型宽，未来新型的江海直达船将向宽扁化、浅吃水的肥大船型方向发展。宽扁型江海直达船舶既在江段航行又在海域航行，其遭遇的波浪环境变化范围较大。然而，宽扁型大开口船体结构的垂向刚度及扭转刚度较小，导致船体梁固有频率降低，因此有必要对其非线性波激振动，以及砰击引起的结构高频颤振响应特性进行深入研究，建立评估宽扁型江海直达船波激振动与砰击颤振响应可靠高效的计算方法。针对其非常规船型结构特点，开展宽扁型船体结构在非线性波浪载荷下的结构安全可靠性研究，对该新船型的设计优化，以及安全性评估具有重要意义。

　　宽扁型江海直达船舶的砰击颤振及波激振动特性研究是我国高新技术船舶科研专项的重要研究课题之一。本书围绕宽扁型江海直达船舶的砰击载荷特性、波激振动及颤振响应问题展开分析和论述，首先对江海直达船型特点与典型结构进行必要的介绍，继而开展三维弹性楔形体模型与三维江海直达船首部模型入水砰击试验方法研究，分析砰击载荷时间历程及沿物面分布特性受入水速度、入水角度及结构刚度的影响规律，结合江海直达船型特殊结构形式提出砰击载荷简化理论计算方法。然后，借助任意拉格朗日-欧拉流固耦合算法，以及有限元-无网格光滑粒子流体动力学法流固耦合方法，分别对二维刚性楔形体、二维弹性楔形体、二维船型剖面、三维宽扁型船首的入水砰击载荷及结构响应特性进行分析，对不同船首及结构形式的砰击载荷及强度进行对比，从工程实际角度出发，明确江海直达船的艏型型式和艏部结构。除此之外，介绍江海直达船舶砰击颤振及波激振动模型试验方法，通过分段龙骨梁模型试验探究不同装载状态、航速及遭遇波浪下高频载荷响应发生的机理特性，并与考虑砰击载荷的非线性水弹性时域计算方法结合研究，快速准确地预报全船运动响应及各典型结构处的高频响应成分，在结构设计计算及工程化应用中具有极大的应用优势。

本书的研究工作得到多项国家高技术船舶专项、国家自然科学基金等科研项目的资助，在此表示诚挚的谢意。

限于作者水平，书中难免存在不妥之处，恳请广大读者批评指正。

作　者

目　　录

第1章　绪　　论

1.1　江海直达船型

随着国家全面推动内河"黄金水道"开发，加快内河港口建设和技术改造步伐，推动内河港口产业升级，江海直达运输将迎来新一轮的高速发展。江海直达航线一直被业界称为"黄金航线"。这种"门"到"门"的一站直达式运输方式可以避免转运运输，打破传统运输方式运营成本高、营运周期长、货物中途损耗的桎梏，大幅提升水上高速运输能力，缩短货物转运周期的同时降低运输成本，将成为未来内河运输的主要形式。"4E"级江海直达船在节能(energy-saving)、环保(environment-friendly)、经济(economy)、高效(efficient)方面表现出色，可以极大地提高运输效率。其船型开发及升级对长江黄金水道的开发及长江经济带建设等均具有显著的推动作用。但是，目前长江运输船舶缺乏统一的技术标准，海船难入江、江船难出海，是长江航运产业发展面临的瓶颈之一。开发载量大、节能环保的江海直达新船型，完成老旧船舶的更新换代，有效推进长江船舶大型化、绿色化、标准化发展，实现江海联运，可有效推动长江航运产业的发展，促进经济增长空间从沿海向内陆拓展，带动中上游腹地发展，优化沿江产业结构，形成新的区域增长极，促进长江上中下游地区的协调发展。江海直达示范船如图1-1所示。

图 1-1　江海直达示范船

考虑长江自然航道曲率半径因素，船长主尺度受到制约，同时由于长江航道水深有限，加之桥梁高度的限制，船舶的型深和高度均被限制。因此，为提高船舶载重量，新型江海直达船须朝宽扁化、浅吃水的肥大船型方向发展。同时，为了提高货物装卸效率和运营经济效益，兼顾集装箱的装载能力，江海直达船型须具有开口长大的结构特点，即舱口的宽度达到，甚至超过船宽的80%，舱口长度达到舱壁间距离的90%，但是这会严重削弱船体的刚度。同时，宽扁肥大型江海直达船舶既在江段航行又在海域航行，遭遇的波浪环境变化范围较大。由于其非常规船型结构特点，开展宽扁型船体结构在非线性波浪载荷下的结构响应特性研究，对保障其结构安全具有重要的意义。

1.2 江海直达船砰击载荷与响应问题

宽扁型江海直达船由内河航段进入海况相对恶劣的沿海航区航行时，船波运动相对剧烈，易导致船舶反复地出水和入水，使船底遭遇瞬态高峰值的砰击载荷。除此之外，由于内河航道的限制，江海直达船较海船宽扁，较小的吃水导致船体更易受到砰击载荷作用，并且物面受到的砰击压力幅值与作用范围较大。宽扁船型砰击载荷特性对船舶局部结构强度的安全性至关重要。一方面遭遇强非线性砰击载荷区域面临局部结构破坏风险，另一方面砰击载荷诱导的全船瞬态高频颤振响应与波激振动响应耦合作用对船体的总纵强度和疲劳极度不利。

因此，在船舶设计阶段必须准确地评估宽扁肥大船型遭遇的砰击载荷和船体结构的颤振响应。现有设计规范基于经验或回归公式对动态载荷进行考虑，而在砰击载荷对船舶运动和结构响应影响方面考虑较少。在宽扁型江海直达船结构设计与开发过程中，建立砰击载荷和颤振对船体结构影响的预报方法是迫切且必须的。

1.3 船体局部砰击载荷与响应研究方法概述

1.3.1 理论分析方法

船舶艏部砰击载荷具有高度的非线性特征，涉及的物理参量众多，包括物面形状、结构水弹性效应、入射波浪特性、船波相对运动、空气垫效应、遭遇波浪浪况、流体黏性、可压缩性等影响因素。研究人员通常从二维楔形体着手开展入水砰击载荷研究，进而对船体局部结构砰击载荷建立准确的计算方法。

von Karman[1]率先对水上飞机入水砰击问题开展研究，忽略冲击对结构和流体的影响，基于冲量定理推导简单对称结构入水砰击压力计算公式，提出通过附加质量等效流体对结构冲击力的方法，开创了入水砰击研究领域。但是，他并未考虑重力、流体可压缩性、自由液面抬高，以及结构弹性变形等因素，特别是当斜升角趋近于 0°，即平板结构入水时，模型计算得到的砰击压力趋向于无穷大，并不符合实际物理过程。各计算方法考虑的因素如表 1-1 所示。

表 1-1　各计算方法考虑的因素

计算方法	自由液面抬升	自由液面条件	较小局部斜升角	重力
von Karman	—	√	—	—
Wagner	√	√	√	—
边界元法(boundary element method, BEM)	√	—	—	√

Wagner[2]对 von Karman 方法进行了修正，考虑结构边界液面堆积的影响，采用伯努利方程求湿表面的砰击压力分布，改进附加质量和砰击压力的计算结果。von Karman 与 Wagner 模型示意图如图 1-2 所示。此外，Wagner 还提出平板近似理论模型(图 1-3)，改进了浸湿宽度和砰击压力求解。von Karman 和 Wagner 基于动量守恒定理为后续入水砰击研究奠定了基础。

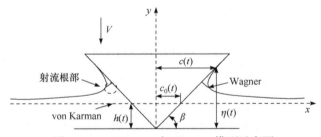

图 1-2　von Karman 与 Wagner 模型示意图

在 Wagner 方法中，平板边界处存在奇异性问题，需要进一步分析和修正，适用范围从楔形体结构推广至圆柱体、球体、圆锥体等。在未考虑重力作用的匀速入水过程中，部分学者认为结构入水砰击过程中的自由液面具有自相似性特点，但是求解稳态解对结构形状和入水速度有限制。Dobrovol'skaya[3]采用复变函数的保角变换方法得到斜升角大于 30°的对称楔形体匀速垂向入水砰击过程的相似解。自相似流模型示意图如图 1-4 所示。Mackie[4]采用基于准动态的嵌套迭代法改进 Dobrovol'skaya 的相似理论解，扩展楔形体斜升角范围，使其适用于低至 1°的楔形体入水砰击压力计算。Greenhow[5]利用复势的柯西公式对积分形式的自由面边界条件进行迭代，得到对称楔形体的相似解。

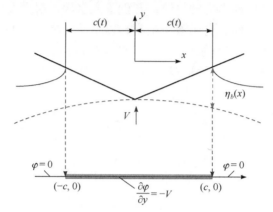

图 1-3　平板近似理论模型

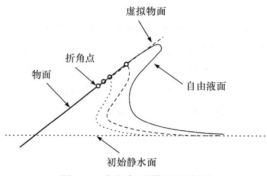

图 1-4　自相似流模型示意图

对于较小斜升角结构的入水问题，Cointe 等[6,7]将整个流场分为外域、内域、射流区，通过匹配渐进展开方法求解各区域内的速度势分布，对各区域边界上的速度势联合匹配求解，改善 Wagner 模型中不连续的问题，并提出二维圆柱体入水的砰击压力公式。Logvinovich[8]和 Korobkin 等[9]基于局部渐进展开方法在速度势中考虑附加项改善边界奇异性的问题，研究伯努利方程的非线性项与二阶项。Tassin 等[10]分别采用传统 Wagner 解析法、广义 Wagner 解析法、改进的 Logvinovich 解析法，以及匹配渐近线展开法对二维轴对称物体冲击静水面的砰击压力物面分布和时间历程进行对比和分析，发现以上方法在较小斜升角的情况下吻合较好，但是在较大斜升角结构中，各解析法之间的差异较大。

如图 1-5 所示，由于自由射流处的压强近似为大气压，对结构受力影响较小，研究者通常对射流进行简单的截断处理，但在截断处容易造成数值误差，影响流体物面分离后的自由液面形态。鲍超明[11]对自由射流部分采用自由落体替代边界积分方程求解流体运动，可以避免细薄射流的数值不稳定性。段文洋等[12]对有限宽度楔形体剖面引入虚拟物面处理射流截断。

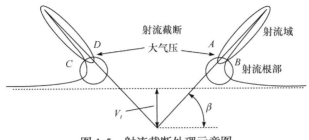

图 1-5　射流截断处理示意图

随着二维结构物入水砰击理论研究的深入，研究对象也从二维对称结构扩展至三维简单规则物面形式，并通过一系列二维近似加以修正处理。由于高速三维复杂结构物入水砰击理论仍待发展，因此需要建立更为合理准确的砰击载荷评估理论与分析方法。Faltinsen 等[13]将广义 Wagner 模型推广至三维物体入水砰击问题，针对中部为圆柱体，两端为半球形的三维结构开展试验研究和数值计算对比分析。Scolan 等[14]将入水砰击初期的边界条件线性化，并对自由液面的轮廓线采用渐近匹配展开方法，应用变分不等式拓展广义 Wagner 模型，对三维钝体结构入水理想不可压缩流体进行求解。但是，边界条件及伯努利方程的简化导致砰击载荷计算值相较于试验值偏高，同时该方法将物面边界条件用于自由液面，因此仅适用于较小斜升角结构的入水砰击问题。

1.3.2　数值计算方法

砰击入水过程的强非线性涉及气垫效应，伴随着空泡及空穴现象、结构弹塑性变形因素、液体可压缩性、结构运动及湿表面非线性、船波相对运动，以及水弹性现象等，给结构入水砰击问题的求解带来巨大的挑战。随着计算机技术的飞速发展，船体入水砰击研究采用许多基于密集计算的新计算流体力学(computational fluid dynamics，CFD)方法，如 BEM、有限元法(finite element method，FEM)、无网格光滑粒子流体动力学(smoothed particle hydrodynamics，SPH)方法、移动粒子半隐式(moving particle semi-implicit，MPS)方法等。

1. 边界元法

边界元法中理想条件下流场的自由液面离散为不同尺寸的矩形单元，通过分布源强求解流固耦合湿表面相关的附连水质量，并迭代求解砰击载荷。因此，仅需在流场边界面处进行离散，避免内部流域的网格划分和计算。相比其他数值计算方法，其计算量大幅减少。

Zhao 等[15,16]采用非线性边界元方法对 4°～81°斜升角的对称楔形体匀速入水砰击过程进行数值计算，采用时间步进法求解二阶格林函数，对射流进行合理截断，使射流沿楔形体物面一维流动来避免数值发散。Sun 等[17,18]在边界元方法中引入拉伸坐标系，对二维艏部外飘结构的入水过程进行研究，并考虑自由液面的非线性、自由边界和液面分离的影响。除此之外，对斜向匀速入水的圆锥体及船型结构横倾入水进行分析，入水过程仅考虑垂向自由度的影响，分析结构物一侧为自由液面，另一侧为细薄射流的情况。Wang 等[19,20]对自由表面边界采用动态网格重构方法，分析不同质量的楔形体在 $1 < Fn < 9$ 速度入水过程中的空穴现象和开口空腔形态特性。

卢炽华等[21]采用边界元法分析船艏外飘和 U 型船体剖面的砰击载荷问题，基于非线性边界条件计算自由液面的大变形，对其单元采用线性化假设。相较于 U 型船体剖面，外飘结构更容易在砰击载荷作用下发生破坏，不同剖面形式入水过程的砰击压力分布情况也具有较大差异。Wu 等[22]通过引入求解速度势时间差分的函数，对自由液面处理采用混合欧拉-拉格朗日(mixed Euler-Lagrangian, MEL)法，分析二维自由落体结构的砰击压力。

2. 有限元法

结构物入水砰击过程涉及自由液面大变形问题，FEM 需要对自由液面进行精细处理，流体域与结构域在边界处网格的速度和位移需一致，可通过任意拉格朗日-欧拉(arbitrary Lagrangian-Eulerian，ALE)流固耦合算法在提高接触面搜索精度的同时解决欧拉单元畸变的问题。但是，ALE 流固耦合算法中的控制方程仍存在对流项，对网格精细程度和计算时间步等要求较高，同时在流固耦合界面处存在网格重合或节点共享的情况，因此易引发耦合面处的网格畸变问题。频繁的对网格重构也限制了 ALE 流固耦合算法的应用。此外，也需合理选择流固耦合关键系数，避免液体渗漏现象的同时避免结构过度刚化，以及数值结果出现高频振荡等问题。

Stenius 等[23]采用显式有限元 Ls-dyna 软件，引入基于罚函数的接触算子，讨论网格尺寸、耦合系数，以及边界条件的影响规律。Aquelet 等[24]考虑阻尼的影响，将具有阻尼效应的欧拉-拉格朗日耦合算子应用于二维刚体结构砰击问题。陈震等[25,26]运用数值仿真和试验相结合的手段提出平板结构入水砰击压力的预报方法，并且对不同入水角的楔形体、球鼻艏型船、U 型剖面船型分别开展水砰击数值仿真研究。曹正林[27]采用 Ls-dyna 的 ALE 流固耦合算法对三体船及连接桥的砰击压力峰值及分布、流场压力、速度、自由液面变化等情况进行探究。除此之外，也分析了空气垫、入水结构质量、入水攻角，以及连接桥宽度等因素对砰击压力峰值的影响规律。彭晟[28]采用 DYTRAN 对某三体舰的砰击载荷和结构响应做了预报，得到包括主体、片体和连接桥湿甲板处的砰击压力峰值和物面分布特性。

3. 无网格粒子法

当模拟物体入水砰击时,自由液面大变形特性使网格方法的限制及精确求解表现得尤为突出,但是在模拟流体飞溅及自由液面破碎翻转等现象方面有所限制。无网格粒子法在处理大变形流固耦合问题方面极具优势。流场通过粒子模拟并采用 Lagrange 方式描述流体运动,可以避免对自由液面的捕捉和网格重构,更直接地计算纳维-斯托克斯方程(Navier-Stokes equation,记为 N-S)中的对流条件和时间导数,避免数值扩散不稳定,以及拓扑失败的问题,尤其适用于流体大变形与砰击入水问题。目前常见的无网格方法有 SPH 方法、MPS 方法、物质点法(material point method,MPM)、无单元伽辽金法(element free Galerkin method,记为 EFG),以及 SPH-FEM/MPS-FEM 等。但是,在大变形过程中存在粒子分布不均匀的问题,易导致物面压力仿真结果造成较大偏差,因此须解决压力振荡现象。除此之外,其仿真计算耗时和计算成本较高。在三维计算中,由于粒子影响域较二维模型相比数量激增,其并行计算过程中的负载平衡也需精细设计。

考虑弱可压缩性时,SPH 方法称为 WCSPH(weakly compressible SPH,弱可压缩性 SPH)。基于显式积分格式求解状态方程,其流场压力存在显著的不光顺性和数值误差,因此须采用较小的时间步长保证其流体的弱可压缩性[29,30]。MPS 方法中的流体是不可压缩的,一般采用半隐式投影法求解泊松方程得到流场压力。其时间步长较 SPH 方法大一个量级,但是泊松方程求解并修正粒子的速度及位置耗时较长,计算量较大。因此,在两种方法互相融合借鉴的过程中发展出许多不同的求解方法,如不可压缩 SPH 方法,即 ISPH(incompressible SPH,不可压缩 SPH)方法。研究者通过自由面判别方式[31]、压力梯度模型[32,33]、泊松方程[34]进行修正来提高精度,并通过并行求解技术、粒子分布技术、局部流场加密技术等提高计算效率。对局部流场加密技术进行的探索包括变光滑长度法、变分辨率法、变质量法、粒子细化与粗化法等。

Khayyer 等[35,36]通过引入高阶拉普拉斯算子模型、高阶源项模型、修正的压力梯度模型,以及粒子间相互作用的动力稳定修正模型等,可以显著提高 MPS 方法的计算精度。Sun 等[37]通过泊松方程,结合物面边界及自由液面条件改善物面压力场,进而改善传统 MPS 方法在流场计算中的精度,通过模态叠加方法对方梁的非线性水弹性进行计算。

万德成等基于 OpenFoam 软件对无网格粒子法求解器 MLParticle-SJTU 开展系统研究与开发。张雨新[38]采用改进的 MPS 方法和区域分解的并行求解技术,对三维溃坝问题、三维液舱晃荡,以及甲板上浪问题进行数值仿真计算研究,抑制压力高频大幅振荡问题。唐振远[39]通过重叠粒子技术和多分辨率粒子分布技术对该数值算法进行优化,采用局部流场加密技术支持不同大小的粒子运行来降低所需的粒子数量,提高 MPS 方法的计算效率,并将该技术应用于二维和三维溃坝流动问题、圆柱体入水砰击问题。陈翔等[40]通过改进物面附近的粒子分布对楔形体入水过程的计算精度进行改进,使飞溅射流保持连续性,可以有效解决射流粒子不连续且杂乱的现象。张友林[41]通过基于 FEM 的形函数插值计算将 MLParticle-SJTU 无网格粒子法求解器拓展至结构动力响应分析,实现 FEM-MPS 流固耦合数值仿真计算,开发 MPS-FEM-SJTU 求解器,并开展二维液舱晃荡问题、三维溃坝问题的数值仿真研究。

余谦[42]与杨超等[43]采用基于大涡模拟 (large eddy simulation,LES)的 MPS 方法对楔形体及平板结构进行砰击入水计算,但是存在液体渗漏现象,采用双层压力墙可以改善渗漏现象。

4. 计算流体力学方法

尽管势流理论对砰击载荷的流固耦合研究已经进行了大量的探索,但其并未考虑近物面处的黏性效应等因素。CFD 方法考虑流体的可压缩性及黏性,可对自由液面及溅射等进行较好地模拟,同时兼具考虑复杂物面形式、局部精细流场捕捉、近物面处黏性效应,以及自由液面变化剧烈的影响。但是,需对计算精度及效率进一步地提升,解决计算耗时长的问题。

Tveitnes 等[44]采用基于有限体积法的 CFD 软件 Fluent4 计算楔形体以恒定速度砰击静水面的过程,得到砰击压力、压力和自由液面变化结果,讨论砰击动量定理的修正方法。Krastev 等[45]采用流体体积(volume of fluid,VOF)方法通过OpenFOAM-2.4 CFD 求解器对楔形体以一定横倾角入水的砰击过程进行分析,并与未考虑空穴的模型进行对比,研究空穴效应在非对称流场中的影响。

孙士明等[46]基于 CFD 方法对小角度高速入水滑跳过程中的运动特性及自由液面形态进行仿真研究,通过正交设计与方差分析对不同速度、入水角、初始倾角对倾角改变量及飞溅高度变化进行对比。谢行等[47]在 VOF 方法中引入连续表面张力模型重构气液界面,改善气液交界面处压力不连续问题。在不同横倾角的楔形体入水砰击数值仿真中,横倾角小于 10°时可见明显的气穴效应。

5. 其他方法

Yang 等[48]采用基于紧致插值曲线(constrained interpolation profile,CIP)法的Navier-Stokes 方程将砰击入水问题从二维结构扩展至三维结构,采用多相流分析流固耦合问题,对三维楔形体和球体垂直及斜入水砰击进行计算。除此之外,分别采用二维与三维 CIP 对不同横摇角和纵摇角的滑行艇冲击静水面进行计算。其二维 CIP 计算所得砰击压力大于三维 CIP 数值预报结果。胡子俊[49]通过求解对流项,提高计算效率与精度,并采用改进的隐式投影法提高压力的稳定性。

Brizzolara 等[50]分别采用 FLOW-3D、FLUENT、ANSYS-CFX、Ls-dyna、OpenFOAM 软件,以及 SPH 方法开展仿真计算,并与试验测量结果进行对比。对于近似刚体的舯部结构冲击静水面过程进行深入研究,分析垂直入水、斜入水,以及不同入水速度等因素。在低速入水砰击时,各数值仿真方法预报结果和试验结果较为一致,但是对于较高入水速度,不同数值方法之间的偏差明显。对于雷诺平均方程(Reynolds averaged Navier-Stokes equations,记为 RANS)方法,自由落体入水运动形式相较于恒定速度入水的形式计算结果好,SPH 方法计算结果则有较大振荡。综合看来,RANS、OpenFOAM,以及 SPH 方法的计算结果相对精度更高。

1.3.3　模型试验研究

由于结构砰击入水过程的复杂性与强非线性,试验研究是探究结构入水砰击载荷和结构响应机理的重要手段,也是目前预报砰击载荷最可靠的一种方法。砰击入水过程持续时间极短,加之流体的可压缩性、液体表面张力、空气垫、空化、结构的水弹性效应,以及复杂物面形式等影响因素,使试验研究中对精度有较高的要求,须准确捕捉瞬态砰击过程中流场边界信息及物体的水动力特性,因此结构物入水砰击载荷及结构响应试验研究的难度较高。

砰击试验主要包括实船试验和模型试验。模型试验又分为静水落体试验和船舶波浪水池试验。对于局部砰击载荷和结构响应试验,研究者主要开展静水砰击试验,并且大部分将三维砰击入水模型简化为二维砰击入水模型,以探究其砰击入水过程特性。根据入水方式的不同,静水砰击试验主要分为自由落体加速入水和强迫运动匀速入水。根据模型维度,试验可分为二维砰击入水,以及三维砰击入水。根据模型是否存在局部弹性变形,可分为刚性结构入水,以及弹性结构入水砰击模型试验。在刚体结构静水砰击模型试验中,对于二维结构物研究者分别开展楔形体、圆盘、平板、二维船体剖面等简单物面形式的研究,对于三维结构物中则开展圆锥体、圆柱体、角锥、抛物面体、船首结构等形式的研究。刚体模型静水砰击模型试验如图 1-6 所示。

Ochi 等[51]开展了一系列落体入水砰击载荷的试验研究,并基于冲量理论和实船测试数据,给出船舶底部砰击压力拟合公式,以及采用保角变换法获得的砰击压力系数方法。Chuang 等进行了平板、刚性楔形体、二维船体剖面与圆锥不同结构物的入水砰击试验,总结拟合回归了砰击压力峰值系数与斜升角的预报公式[52,53]。Zhao 等[54]对 30°斜升角的刚性楔形体,以及典型的二维船艏外飘剖面进行落体入水砰击试验,测量了入水过程中的砰击压力,并对非线性边界元数值方法的计算结果进行了验证。Tveitnes 等[44]对匀速入水与出水的楔形体进行了测量,得到砰击压力、速度、浸湿系数和附加质量等时间历程结果。试验分析可得,物面浸湿系数与阻力系数均随斜升角的增大而减小,对诸多数值仿真研究具有参考借鉴意

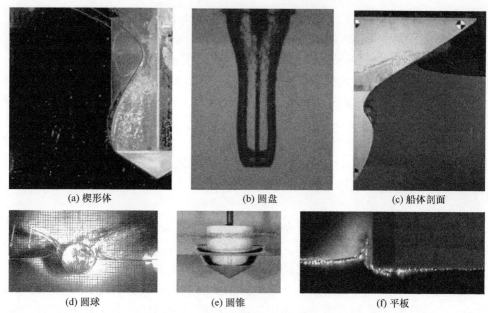

| (a) 楔形体 | (b) 圆盘 | (c) 船体剖面 |

| (d) 圆球 | (e) 圆锥 | (f) 平板 |

图 1-6　刚体模型静水砰击模型试验

义。Wang 等[55]对楔形体非匀速垂直入水过程中的空穴现象进行试验研究，针对入水过程的不同阶段，即砰击阶段、过渡阶段、崩塌阶段，以及封闭后阶段中的自由液面形态及物面压力分布进行对比。可见，二维空穴现象中的气流对空穴闭合过程起主要作用，但是对结构物速度，以及自由液面的变化影响有限。骆寒冰等[56-58]针对铝制楔形体开展砰击载荷水弹性落体试验，探究水弹性效应，以及入水速度对砰击压力系数的影响，分别采用 ALE 流固耦合算法，以及基于 OpenFOAM 软件的 VOF 方法探究楔形体在不同入水角下的砰击过程，并对比分析其计算精度和三维效应。Xie 等[59]针对复合材料的船体典型板梁平板结构进行落体砰击试验研究，探究水弹性对砰击载荷、结构响应的影响，并与 CFD 数值仿真计算结果进行对比，但是仿真并未考虑砰击载荷作用下结构变形的问题。

　　对于复杂物面结构形式的入水砰击研究，曹正林[27]开展三体船模型落体入水砰击试验，分别对片体和连接桥的砰击压力峰值及应变响应进行分析。Wang 等[60]对不同纵倾角入水的三维船艏部模型开展落体砰击试验研究，分别测量船底部，以及外飘区域砰击压力时间历程结果，对比分析不同纵倾角与入水速度对砰击压力峰值的影响。可见，对于垂直入水情况下的砰击压力峰值，需要考虑船底部的空气垫效应。

　　近年来陆续有研究者采用高速摄影技术与激光技术对砰击过程进行试验研究，采用粒子图像测速(particle image velocimetry，PIV)技术对流场进行间接重构。基于交叉关联强度来获得流场的瞬时速度矢量，通过压力泊松方程重构流场压力分布情况，从而获得高精度的流场信息。目前的研究仅对二维楔形体及圆盘物面形式开展基于 PIV 的入水砰击模型试验。PIV 技术示意图如图 1-7 所示。

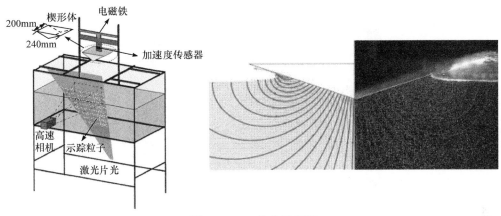

图 1-7 PIV 技术示意图

Panciroli 等[61-63]针对弹性楔形体结构进行水弹性落体砰击模型试验，通过高速摄像技术捕捉入水过程中弹性结构和自由液面的变形，采用 PIV 技术捕捉自由液面及流场运动，对 0°～50°斜升角的铝板和玻璃纤维弹性楔形板在不同入水速度下的结构应变进行测试，并与 SPH-FEM 流固耦合算法进行对比。可见，在结构完全浸入液面时间小于自身固有周期时长的情况下，水弹性效应较为显著，因此不适合刚体理论计算模型。Oh 等[64]使用高速摄像机，在平板结构入水砰击过程中观测到气垫形成并未完全逃逸。

Huera-Huarte 等[65]通过设计新型试验装置，对入水角度为 0.3°～25°的刚性平板高速入水砰击过程进行试验研究，入水速度高达到 5m/s，并得到砰击压力与速度的时间历程，以及高速入水影像。大于 5°入水角的试验结果与 Tveitnes 等[44]的试验结果，以及渐近线理论有较好的一致性。Vincent 等[66]通过高速摄像技术捕捉楔形体入水砰击过程中的流固分离现象，并分析射流对自由液面和流场变化的影响。由此可见，边界元数值计算中将射流进行简单截断处理是导致其误差的原因之一。佘文轩等[67]采用时间分辨的 PIV 技术对刚性聚乳酸材料的楔形体入水砰击流场特性进行测量。在其砰击入水过程中，射流根部附近的流体速度明显偏低，该区域内的示踪粒子随射流飞溅出测量域，高速摄像中并未观测捕捉其图像信息。

船舶在波浪中航行时，船波相对运动使艏艉易遭遇砰击载荷作用，因此通常在船舶拖曳水池或海洋工程水池中开展船舶局部砰击载荷特性研究，在非线性波浪载荷试验过程中同步测量局部砰击载荷，即测量船模在规则波和不规则波中的运动响应、波浪载荷，以及结构响应的同时，通过压力传感器测得砰击压力。船首砰击压力测量示意图如图 1-8 所示。由于波浪中船模砰击载荷试验过程中的非线性较强、结果离散程度大、可重复性较差、尺度效应明显，因此需对测量结果进行处理并提取可靠结果。

甲板上浪压力　　船首砰击压力　浪高仪
　传感器　　　　　传感器

图 1-8　船首砰击压力测量示意图

Watanabe 等[68]对由聚氯乙烯(polyvinylchloride，PVC)制作的两种不同船舯外飘的 S175 集装箱船模型进行了波浪载荷试验，在规则波和不规则波中测量船首砰击压力、上浪概率、波浪弯矩。众多研究者采用不同的非线性载荷数值预报计算方法与该试验结果进行对比分析。Hermundstad 等[69]针对滚装船船首砰击载荷进行测量，相较于静水面情况下船首在入射波下的砰击载荷显著增加，并通过二维广义 Wagner 模型(generalized Wagner model，GWM)进行三维效应修正。陈占阳等[70]通过开展集装箱船模拖曳波浪载荷试验，对船舯外飘砰击压力进行测量，得到外飘砰击压力持续时间及其特性。

尽管模型试验可以有效评估砰击载荷特性，但是存在众多简化影响和限制条件，并且对试验精度均有影响，如模型尺度效应与真实风浪模拟等。实船试验对局部结构遭遇的砰击载荷特性研究是十分重要的，但是对于试验技术及数据后处理的要求较高，须对遭遇波浪、船体运动，以及砰击载荷响应测量数据等进行合理有效地分辨和提取，并对实测砰击载荷特性建立合理可靠的分析方法，但是试验成本较高，并且不可重复。

Camilleri 等[71]针对高速滑行艇遭遇的砰击载荷及颤振响应开展实船试验，通过低通滤波、基准线修正，以及砰击载荷捕捉等技术对实船测试结果进行研究。相较于实船测量值，ISO(International Organization for Standardization，国际标准化组织)标准与 DNV(Det Norske Veritas，挪威船级社)规范计算值显著偏低，但是在LR(Lloyd's Register，劳埃德船级社)规范计算结果中，在高速情况下的规范计算值相较于实船测试结果偏高或相当，中速航行情况下则相对偏低。可见，对于实船遭遇的砰击载荷特性，仍需更为准确的计算预报方法，以便合理有效地评估其瞬态砰击载荷历程。

1.3.4　弹性结构入水砰击水弹性效应研究

　　早期的入水砰击载荷及其结构响应研究均基于入水结构物为刚体的假定，求解其水动力系数与砰击压力响应，进而将砰击压力加载于弹性结构物来求解结构响应。然而，实际入水结构具有一定的弹性效应，结构变形使相对砰击速度减小，同时影响流体的运动。特别是，对于较小斜升角的薄板结构，以及复合材料船体结构须考虑砰击载荷对弹性结构的水弹性效应。弹性楔形体结构砰击入水试验如图 1-9 所示。结构刚度较低的局部区域遭遇砰击载荷作用时，采用基于水弹性理论考虑结构响应与流体载荷耦合作用是非常有必要的。由于具有较好的抗冲击性，复合材料被广泛运用到高性能船舶、多体船与舰船中，金属夹层板作为非传统结构形式，其砰击载荷特性及结构响应的研究近年来也得到研究者的广泛关注。

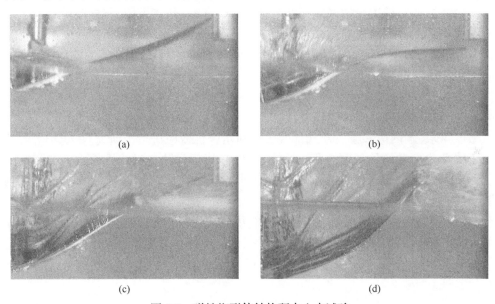

(a)　　　　　　　　　　　　　　　　(b)

(c)　　　　　　　　　　　　　　　　(d)

图 1-9　弹性楔形体结构砰击入水试验

　　在双体船的湿甲板砰击问题中，Kvalsvold 等率先针对弹性加筋板的砰击载荷及结构响应开展理论与试验研究，并将 Wagner 入水理论推广到楔形体左右为正交异性板的水动力冲击情况，分别分析斜升角与入水速度的影响[72,73]。Khabakhpasheva 等[74]将欧拉梁模型与 Wagner 模型进行流固耦合，提出弹性楔形体的理论分析方法，并对简支与线弹簧相连的边界条件进行讨论。由于 Wagner 模型基于平板近似方法，因此仅适合斜升角较小的弹性结构。Shams 等[75]将其推广至不同边界条件的情况，在混合边界值法的速度势中计算结构变形的影响。Jalalisendi 等[76]考虑结构边界效应对流场的影响，对 PVC 材料的三维圆形弹性细长梁的入水砰击过程开展高速摄像粒子图像试验研究，提出抛物线形式的形状函数。Maki 等[77]通过 OpenFOAM 开展弹性楔形体入水砰击仿真研究，将刚体楔形体运动求解的水动力载荷与结构面耦合，采用模态叠加法分析楔形体结构振动响应，并与解析方法进行对比分析，虽然其预报的砰击持续时间相差较大，但是解析方法对结构单元进行附加质量处理后得到的结构变形极值吻合较好，并且计算效率较高。

Stenius 等[78]采用 ALE 流固耦合算法的 Ls-dyna 软件，以及欧拉梁与势流理论流固耦合计算方法，对弹性楔形体入水砰击载荷和结构响应进行系列研究，分析不同斜升角、边界条件，以及入水速度的影响，并与准静态方法结果进行对比，定量分析结构刚度，以及运动对水弹性的影响。Battley 等[79]与 Stenius 等[80]进而开展碳纤维面板，以及 PVC 泡沫芯层夹层板匀速入水砰击试验研究，并与刚体结构试验结果进行对比分析，探讨砰击载荷作用下的剪切失效破坏模式，认为结构弹性会增加夹层板边缘的横向剪切载荷。Hassoon 等[81-83]针对不同厚度的乙烯基编织玻璃纤维板，以及玻璃纤维/乙烯基面板与 PVC 泡沫芯层夹层板复合材料制作斜升角为 10°的楔形体模型，对匀速入水过程中的砰击载荷及其结构响应进行研究，通过 SPH 方法与 Abaqus 中的欧拉-拉格朗日耦合算法对比分析复合材料特性、结构刚度、入水速度，以及不同边界条件对砰击压力载荷及其结构动态变形响应，建立复合材料连续损伤模型。

近年来，国内诸多学者对局部砰击载荷水弹性效应进行了研究。卢炽华等[84,85]基于线性化离散的伯努利方程，通过 FEM 与边界元法进行流固耦合，求解弹性楔形体结构响应的水弹性效应。贺梦豪[86]与赵飞[87]基于 ALE 流固耦合算法对钢制波纹夹芯夹层板、金属 I 型，以及 V 型夹芯夹层板楔形体结构开展入水砰击载荷特性研究。孙华[88]通过 Verhagen 气垫模型对弹塑性平板入水初期的砰击载荷及其结构响应提出简化计算方法，将三者流固耦合效应解耦为平板与空气、空气与水的耦合作用，并与 ALE 数值计算及 Chuang 平板模型试验结果[52,53]进行对比验证。

1.4　船体砰击颤振与波激振动响应研究

随着大尺度、高航速，以及特殊船型船舶的需求日益增长，大型集装箱船、多体船和宽扁船型的颤振及波激振动响应问题越来越受到重视。船舶在波浪中航行受到砰击作用时，除了局部结构会受到瞬态冲击影响，砰击压力也会激起全船高频瞬态振动响应，即颤振。在结构、流体阻尼作用下，虽然高频颤振响应可迅速衰减，但不利于艉舯局部结构强度的安全性。因此，合理可靠地评估砰击颤振响应是船舶结构设计的关键之一。诸多学者针对砰击颤振响应深入开展研究，着力于提高其计算精度、适用领域和计算效率，探究其对结构极限强度及疲劳等方面的影响[89,90]。

1.4.1　理论与数值计算研究

随着船舶工业界大尺度、高航速船舶的需求日益增长，大型集装箱船、邮轮、多体船和宽扁肥大船的砰击问题越来越受到重视。因此，亟须可靠有效的砰击载荷及其结构响应的评估方法为现有规范提供参考依据，同时为结构设计提供更为合理、可靠、高效的砰击载荷预报水平。在波浪中航行的船舶砰击过程是较为复杂的动态物理现象，考虑几何非线性、自由液面非线性、运动非线性和三维效应的影响，很难建立完整、合理的物理模型和数学模型，通常需要在一定简化条件或理想前提下逐步改进计算方法。

砰击颤振响应的理论预报主要包括船舶运动响应、砰击压力、船体振动响应及砰击发生概率统计特性。然而，受限于 CFD 技术的发展，大部分研究都是基于势流理论进行的，因此需要一个合理可靠的数值计算方法对波浪载荷和结构振动响应进行耦合，同时考虑瞬时砰击载荷的影响，以及船波相对运动和非线性波浪载荷。根据处理船体的刚体运动、弹性变形和水动力之间耦合的不同，可以把预报方法分为水弹性力学方法与"两步走"的传统方法两大类。传统计算船舶运动与波浪载荷的方法基于船体为刚体的假定，将波浪载荷加载在 3D 弹性有限元船体结构模型上得到船体总纵强度、横向强度、局部强度和局部应力集中造成的疲劳强度，即两步走法。水弹性力学方法对水动力与弹性结构响应进行流固耦合分析，近年来众多研究者致力于将水弹性理论发展推广，从二维向三维发展、线性向非线性发展、细长体结构向多浮体海上平台发展。

1. 船舶运动响应

船舶运动及波浪载荷预报已有多种计算方法，如切片理论、非线性 RANS 等。完全非线性时域理论求解时，各时间步均须对自由液面网格重新调整，并结合船体湿表面求解积分方程，对计算存储能力和计算速度要求较高，并且耗时较长。Rankine 面元法也称简单格林函数法，物面与自由液面分布奇点使计算量显著增加，因此要对计算域进行截断来减少计算量。格林函数方法在船体湿表面单元上布置点源求解流场速度势，因此需要避免分布源密度振荡发散现象，从而保证数值计算有解。除此之外，在有航速情况下，水线积分项、定常势的处理方式均待完善。新切片理论具有计算高效且高精度的优势，但是受限于较低航速，可于船舶瞬态运动及波浪载荷响应计算中计及船首砰击载荷，以及结构弹性效应等非线性影响。

2. 水弹性理论计算

Bishop 等[91]建立了弹性船体结构对称响应分析和反对称响应分析的二维水弹性力学理论。Wu 与 Price 将该理论发展到三维有航速迎浪情况下的计算，提出广义流固耦合边界条件，即 Price-Wu 边界条件，并将三维弹性体势流理论与三维 FEM 耦合，借助有限元通用软件获得结构属性[92,93]。

近年来，随着非线性波浪载荷计算的发展，许多新方法被引入水弹性理论的计算中。非线性因素包括压力表达式中的速度平方系数、湿表面和非线性自由液面。例如，诸多研究机构对 6750 TEU(twenty-feet equivalent unit，标准箱)集装箱船开展波浪载荷基准研究[94]。研究者采用基于格林函数的三维边界元法、基于 Rankine 面元法的三维边界元法方法，以及基于切片理论的计算程序。不同计算方法中的线性运动及波浪载荷响应均值都显示出较好的一致性。其中，升沉响应及垂向弯矩(vertical bending moment，VBM)响应数值仿真结果较试验测试值偏低，纵摇响应则显著偏高。在短波长、高波幅、高速下，各计算方法结果的发散程度更高。

Tian 等[95,96]综合考虑浮体航速、非定常兴波流场，以及非线性二阶波浪力的影响，通过对散货船、小水线面双体船的水弹性响应进行数值分析，并验证线性和非线性三维水弹性理论的计算程序 THAFTS 和 NTHAFTS 的可靠性，计算刚性船体在规则波和不规则波中的运动和结构响应，定量讨论航速和水弹性对运动和结构响应的影响。倪歆韵等[97]在水线面处通过扩展边界积分方程消除不规则频率，提高三维水弹性响应计算精度。

杨鹏等[98,99]采用三维时域格林函数方法开展有限水深下水弹性响应预报，并与基于内外场匹配技术的 Rankine 面元法进行对比分析，通过在船体一定距离处构建虚拟控制面将流场分为内外流域，在内域采用 Rankine 面元法，外域采用三维格林函数方法求解。因此，两种方法计算得到的水动力脉冲响应函数与运动响应结果差异明显。

Chen 等[100,101]在 Rankine 面元法方法中应用比例积分与微分自动舵模型，可以避免横向运动过程中的发散问题，通过三维非线性时域水弹性方法对 13000 TEU 集装箱船进行计算。但其自动舵模型适用的波浪频率仅限于横荡与艏摇的固有频率附近，并且其控制参数要求较高，不恰当的参数极易导致误差激增。

Malenica 等[102]采用格林函数方法与三维 FEM 进行流固耦合，并开发 Hydrostar-Homer 软件，通过二维 GWM 砰击载荷模型计及砰击颤振响应。

Kim 等[103,104]将三维高阶 B 样条 Rankine 面元法分别与基于梁单元的一维 FEM 和基于壳单位的三维 FEM 进行流固耦合，实现非线性水弹性时域计算预报方法。通过二维 GWM 计及船舶艏艉砰击载荷的影响，进行波激振动及颤振响应分析。其数值计算结果分别与 WILS 联合工业项目中的 60m 驳船、6500 TEU 集装箱船、18000 TEU 集装箱船模型试验结果进行对比分析。

对于双体船湿甲板的砰击颤振响应问题，Ge 等[105]考虑入水和出水阶段对船体梁响应的影响，入水阶段采用 Wagner 模型，出水阶段采用 von Karman 模型。

为考虑流体黏性影响及复杂的物面形状因素，并且实现剧烈变化的自由液面变化，众多研究者采用 CFD 方法与 FEM 耦合的方式开展水弹性响应研究，并合理预报强非线性载荷。

Lakshmynarayanana 等[106,107]采用 Star-CCM+与 ABAQUS 软件对弹性浮体的水弹性效应进行研究，实现 RAN 与非线性结构的流固耦合，同时分析单向耦合与双向流固耦合结果，并与 S175 标准模型的试验测量值进行对比验证。Moctar 等[108]采用 CFD 方法求解 RANS 与 Timoshenko 梁流固耦合问题，采用非线性 Schrodinger 方程模拟入射波浪。Oberhagemann 等[109]采用 RANS 求解器 COMET 与 FEM 进行流固耦合，对液化天然气(liquefied natural gas，LNG)船的艉部砰击载荷进行分析。在刚体结构中未能捕捉到明显的砰击压力振荡现象，而在弹性体结构流固耦合计算中，艉部有显著的砰击压力振荡现象，与试验测试结果较一致，但是该研究并未考虑弹性结构变形对黏性流场的作用。

3. 基于统计概率特性的颤振分析

Kirtley 等[110]为了更全面地评估某护卫舰和 ITTC S-175 集装箱船的响应，拓宽了计算模型中的冲击载荷项。除底部砰击，还考虑艏部外飘砰击的影响。该方法基于变截面的 Timoshenko 梁理论和无限域水动力附加质量，将无因次预报公式简化为包含 8 个独立变量的二次多项式，相关系数通过最小二乘法对船型设计资料分析得到，包括船中垂向弯矩、二节点和自然振动频率、砰击颤振持续时间等。

Kim 等[111]针对现有规范中的设计波浪载荷进行讨论，采用一种设计载荷生成器分析发生响应最大时刻的相位分布。这种短期组合预报的方法可针对结构在规范要求的极限工况下的全生命周期开展极限载荷预报。随后，Kim 等[112]应用此方法对补给舰和战斗舰进行研究，采用非线性操纵性计算程序 LAMP2 预报波浪弯矩和颤振响应，同时对补给舰和战斗舰采用分段弹性模型和 PVC 材料的比例结构模型进行试验研究。结果表明，采用这种设计载荷生成器程序计算的结果和试验结果吻合较好。

1.4.2 试验方法

在砰击瞬态冲击下造成的弹性船体的瞬态高频强迫振动响应称为颤振响应。其理论模型计算与数值计算方法都有一定的局限性，无法完全模拟这一强非线性过程。因此，试验研究仍然是研究波激振动和颤振响应等特性的重要手段，并且试验结果亦可对理论分析与数值仿真结果的可靠性与精度进行验证。

1. 模型试验研究

虽然实船试验能真实可靠地反映船舶于波浪下的水弹性特性，但是其耗时长、成本高，并且对试验技术与数据后处理分析要求较高，并不适合船舶方案的设计研发。因此，非线性波浪载荷模型试验方法仍是主要研究方法。

对非线性波浪载荷模型试验来讲，其难点主要集中在如何采用合理有效的测试方式获得各变量的时间历程结果。然而，在试验过程中，同时满足多个物理量相似的难度较大，因此需要在模型设计及试验方案中进行必要的简化。根据结构形式，非线性波浪载荷模型主要有整体弹性模型、铰接分段弹性模型、龙骨梁分段弹性模型。

整体弹性模型采用低弹性模量的弹性材料制作，不仅需要满足几何相似与流体动力相似，还需要保证模型与实船结构动力相似，不仅可以获得各剖面载荷响应，还可以明确船体局部结构载荷分布情况。然而，由于全船惯性矩的相似关系，必须采用低弹性模量材料进行模型设计和制作，并且该低弹性模量材料在线弹性范围内须避免出现蠕变现象。因此，整体弹性船模的设计和制造工艺比较复杂，存在造价昂贵耗时周期长等限制，须对材料的动力特性效应进一步研究。另外，整体刚度分布的相似精度有限，无法模拟所有的局部结构。Watanabe 等[113]采用合成树脂材料制作不同艏部外飘的集装箱船整船弹性模型，对规则波和不规则波作用下的艏部砰击压力、中垂、中拱弯矩进行分析。林吉如等[114]采用 TE702 塑料材料制作整体弹性模型，其杨氏模量系数低至 $2.84 \times 10^9 \mathrm{Pa}$，实现了船模与实船的垂弯特性相似。

分段弹性模型具备制作工艺简单、易安装标定、采集、分析数据便捷等优势，在船舶水弹性试验研究中被广泛采用。他们将满足外形相似的模型外壳进行分段，通过龙骨梁、桁架铰接连接，使全船质量和刚度分布满足相似关系，保证船模与实船的振动模态特性的一致。尽管分段弹性模型具有诸多优势，但是其非线性波浪载荷测量数据有限，取决于分段位置和数量。

桁架铰接分段弹性模型如图 1-10 所示。铰链位于剖面中和轴处，弹簧与铰链位于同一纵向位置，通过测力计测量各剖面位置的载荷分量。龙骨梁分段弹性模型如图 1-11 所示。龙骨梁由钢、铝等弹性材料制作成，可具有不同的剖面形式，以模拟船体刚度分布并连接各分段模型。其制作简单便捷，各剖面载荷可通过龙骨梁各剖面处的应变片准确测得，因此应用广泛。

图 1-10　桁架铰接分段弹性模型

图 1-11　龙骨梁分段弹性模型

Storhaug 等[115,116]对 DNV、BV、HHI、CeSOS 和 Marintek 联合开展的 13000 TEU 集装箱船模型试验研究进行总结归纳，使用 DNV、HHI 与 CeSOS 对 8600 TEU 集装箱船的激波振动和颤振开展试验研究。波浪引起的船体高频振动响应远大于低频波浪载荷诱发的疲劳破坏影响，会显著增加其应力循环次数。东亚-欧洲航线上波激振动引起的损伤占总疲劳损伤的 65%。45°斜浪工况下的极限载荷水平远大于迎浪工况，中拱工况垂向弯矩载荷值比国际船级社协会(International Association of Classification Societies，IACS)规范校核值大 80%。除此之外，颤振响应对水平弯曲与扭转方向的极限水平同样均有较大影响。Storhaug 等[117]采用铰接分段模型对超大型散货船的波激振动和颤振响应问题展开研究，并讨论不同艏部结构形式对船体振动响应与疲劳的影响。波激振动和颤振响应叠加产生的疲劳损伤远大于低频波浪载荷的两倍。

Zhu 等[118-120]采用铝制方梁模拟垂向刚度和扭转刚度。船模在遭遇砰击载荷时，其非线性波激振动响应与颤振响应耦合作用，但未从模型试验测量数据中将两者分离。其龙骨测量梁位于甲板位置处，并未使中和轴和扭心垂向位置满足相似条件。

船舶波浪诱导载荷 (wave induced loads on ships，WILS)联合工业项目自 2007 年起开展了三个阶段的研究，由韩国船企大宇造船、三星重工集团、韩进重工集团与韩国船级社、美国船级社、英国劳氏船级社、法国船级社、德国劳氏船级社、日本船级社，以及韩国首尔大学等共同出资发起[121-123]。WILS-I/II/III 项目分别针对 6750 TEU、10000 TEU、18000 TEU 集装箱船的波激振动与颤振响应，采用 H 型与 U 型钢制龙骨梁模拟船中垂向刚度，并开展非线性波浪载荷模型试验研究。相较于 H 型龙骨梁，U 型槽钢扭转方向的固有振动频谱图中的带宽更宽，另外两种形式的龙骨梁扭转模态与目标值分别相差 14.3%和 8.6%，均须进一步研究其误差来源。除此之外，由于固有频率、剪切中心的差别，两种形式的龙骨梁结构均存在一定的差异。

汪雪良等[124-126]通过对某 LNG 船和 VLCC 船的非线性波浪载荷开展模型试验研究，并与二维非线性切片理论和三维线性水弹性理论计算结果进行对比。除此之外，还讨论了龙骨测量梁刚度对垂向振动模态，以及高频振动响应的影响。

陈占阳等[127-129]在拖曳水池中进行了某超大型集装箱高速船舶的分段模型试验，通过改变宽度使龙骨梁为变截面形式，对船体各分段刚度进行模拟，分析不同航速、模型分段数量、浪向角，以及自航、拖航对总弯矩响应中高频和低频成分的影响，并对极限海况下规则波和不规则波中的弯矩响应进行分析，计算颤振响应在总弯矩中所占的比重，同时依据刚体理论、线性与非线性水弹性理论对该船的波浪载荷进行预报。焦甲龙等[130-133]采用矩形梁和圆管梁的变截面龙骨梁形式模拟垂向刚度与扭转刚度相似，采用变截面槽型龙骨梁模拟甲板大开口刚度分布，船中处采用双根圆形梁过渡满足垂向刚度相似。然而，由于船尾轴系布置需求，艉部并未进行测量。除此之外，焦甲龙在近海岸的实际海浪环境中开展了自航大尺度水弹性模型试验，并与不同缩尺比弹性船模在拖曳水池中的模型试验结果进行对比，提出适用于大尺度模型耐波性与水弹性响应测试的研究方法。

王一雯等[134-136]针对江海直达船分别采用圆形龙骨梁与新型 U 型龙骨测量梁开展分段模型试验，通过设计新型 U 型龙骨梁对垂向与扭转刚度进行模拟来满足固有频率特性相似，分析不同航速对高低频成分的影响，探究江海直达船在不同装载条件下的高低频垂向波浪载荷响应，以及扭转波激振动响应特性。

2. 实船试验

尽管模型试验可以有效预报砰击载荷与颤振响应，但是存在众多简化因素和限制条件，如水池池壁效应、真实风浪模拟能力、模型尺度效应等。在拖曳水池中，通过造波机模拟的波浪主要是单向伪随机波浪，部分海洋综合水池于四周池壁均安装造波板实现短峰波浪，但其实测三维波浪与实际波浪环境仍存在一定的差异，不能充分反映实际海浪的坦谷波等非线性特征。除此之外，池壁效应使波浪经反射叠加也易造成试验误差。同时，由于水池长度超过百米，波浪从水池一端的造波机传播到水池末端也有一定的能量衰减，因此入射波浪稳定性有限。

在实际风浪流环境中开展砰击颤振与波激振动响应实船试验可真实反映船舶响应特征，测试船体应力、船体运动响应、局部结构加速度、砰击压力。对船体结构应力状态进行长期监测可充分分析波激振动与砰击颤振的特性，探究其对结构疲劳损伤的影响。

Storhaug[137]对航行于欧洲至中国航线的 8600 TEU 集装箱船开展了长达 4 年的实船试验研究，在波激振动和颤振高频响应作用下，船中及船尾 1/4 船长处的中拱与中垂应力值均超过 IACS 规范值。Gaidai 等[138,139]对航行于欧洲与北美洲的 2800 TEU 集装箱船采用平均条件超越率(average conditional exceedances rate, ACER)法对水弹性高频振动结构响应进行分析，较 IACS-URS11 规范中的中垂响应偏高 16%，中垂响应偏高 4%。

Koning 等[140]根据某 9900 TEU 集装箱船一年的长期监测数据，统计分析低频波浪诱导弯矩和高频砰击颤振弯矩特性，讨论砰击颤振对波浪载荷，以及结构疲劳损伤的影响。结果表明，考虑砰击颤振时的疲劳损伤偏大 30%左右。

Mathisen 等[141]通过对散货船和集装箱船上布置的船体监控系统测得的数据评估波浪激励的船体振动对疲劳破坏的影响。结果表明，极端海况下的船体振动产生的结构应力占主要成分。集装箱船中存在较高的砰击颤振应力幅值，表明在评估集装箱船极限强度时须考虑高频振动带来的动载荷影响。

Heggelund 等[142]对一艘 LNG 船进行了 1 年的实船测试，发现实际疲劳率低于按随机疲劳计算的疲劳率，实际疲劳寿命也会比预报的寿命要长。他们认为，振动破坏占总破坏强度较大(30%～50%)。最大疲劳破坏发生在极限海况下的满载工况，并且大多数疲劳破坏发生在迎浪或随浪工况下。

Andersen 等[143]对一艘处于恶劣海况下的 9400 TEU 集装箱船船中剖面遭遇的颤振响应进行实船测试。在遭遇颤振响应时，由于高频水弹性响应分量的作用下使总应力水平激增至 2 倍水平，拱弯矩超过其规范限定值的 3%。阻尼对高频颤振响应的衰减较为重要，实船与模型试验测量值表明，模型试验中的阻尼值偏小。因此，合理可靠地评估颤振响应水平，对于结构载荷特性及结构安全性是非常重要的。

综上所述，由于宽扁型江海直达船的非常规船型结构特点、载荷复杂且航线环境多样，有效合理地对宽扁型江海直达船的波激振动和砰击颤振特性进行评估是保障该船型结构安全性与可靠性设计的基础。砰击载荷及颤振响应的相关研究仍处于发展阶段，虽然已引起国内外研究者的广泛关注，并通过不断探索取得了一定的研究成果，但是大多数研究采用准静态分析，基于刚体假定进行水动力载荷计算分析，进而与结构模型单向耦合对船体结构响应开展直接计算，并未考虑船体弹性效应与非线性水动力载荷的耦合效应。在船舶设计规范中，仅考虑基于经验或回归公式分析动态载荷，并没有统一的标准规范，结构载荷计算时较少引入波激振动与砰击颤振的效应。另外，波激振动与砰击颤振研究在超大型集装箱船，以及军船受到广泛关注，但是对船体刚度较小的此类非常规宽扁型船舶并未开展深入有效的评估，仍有许多关键技术和科学问题亟待解决。鉴于此，本书旨在建立一套评估宽扁型江海直达波激振动与砰击颤振响应的可靠高效的评估方法。

第 2 章　江海直达船舶砰击载荷模型试验分析

2.1　概　　述

宽扁型江海直达船由于其宽扁型特殊结构形式，艏部结构斜升角较小，使砰击载荷瞬态响应幅值较大。当该船由江段驶入海段后，宽扁型艏底部较易遭遇砰击现象。同时，由于砰击过程的复杂性和强非线性，模型试验研究作为重要研究手段，不但可直接探究其船型砰击载荷特性，而且可对数值仿真方法、理论解析方法的有效性与可靠性提供有效地验证与指导。针对不同刚度的楔形体结构开展入水砰击模型试验，得到了不同入水速度下楔形体结构在砰击瞬态载荷作用下的结构响应特性，以及结构的弹性效应对砰击压力峰值及分布的影响规律。除此之外，基于江海直达船艏部型线特点开展三维艏部砰击入水模型试验，真实反映三维船体物面的砰击载荷特性，采用自由落体入水的方法进行不同落水高度、不同纵倾角度的模型试验，研究江海直达船艏部结构所受砰击载荷的特点，分析砰击压力峰值及其分布规律。

2.2　相　似　准　则

试验中模型以自由落体的方式获得一定的入水速度，冲击水面模拟入水砰击现象。欲使模型砰击入水试验过程尽可能真实地反映实船砰击载荷的特征，揭示砰击载荷作用机制，模型设计须满足以下相似关系。

1. 几何相似

按照一定的缩尺比 λ 制作模型，使模型与实船外形几何相似，可通过船模长度 L_m 与实船长度 L_s 表示，即

$$\lambda = L_m / L_s \tag{2-1}$$

其中，m 与 s 表示模型尺度与实船尺度。

2. 重力相似

F_r 表征重力为主要作用的流体动力特性，即

$$F_r = V / \sqrt{gL} \tag{2-2}$$

其中，V 为速度；g 为重力加速度；L 为尺度。

船模速度与实船速度之间的关系依据重力相似，即

$$V_m / \sqrt{gL_m} = V_s / \sqrt{gL_s} \tag{2-3}$$

综上所述，可得局部砰击入水相似关系(表 2-1)，作为模型制作设计，以及数据处理的参考依据。

表 2-1　主要相似关系

物理量	实船/模型
长度	λ
排水体积	λ^3
速度	$\lambda^{1/2}$
时间	$\lambda^{1/2}$
加速度	1
压力	λ

2.3　江海直达船首部入水砰击试验

2.3.1　江海直达船首部模型

由于宽扁型江海直达船宽扁型的特殊结构形式，艏部结构斜升角较小，使砰击载荷瞬态响应幅值较大，并且当该船由江段驶入海段后，宽扁型的艏底部较易遭遇砰击现象，因此需要对艏部砰击载荷特性进行深入研究。局部结构入水砰击模型试验研究将入水结构物简化为二维楔形体与平板结构或三维简单模型，如球体、锥体、楔形体、抛物面体等。物面形状对砰击载荷特性的影响程度较大，简单模型试验并不能准确真实地反映三维船体物面对砰击载荷的影响，因此需要对三维艏部结构入水砰击展开模型试验研究，探究宽扁船首形式的砰击载荷特性。

在航行过程中，由于船波相对运动，艏部与入射波砰击过程中有一定的纵倾角，并且在遭遇瞬态非线性砰击载荷的作用下会加剧船体运动响应，进一步增大其纵倾角幅值水平。大部分砰击载荷落体模型试验均以垂直角度入水或以一定横倾角入水的方式开展，较少关注纵倾角度对砰击载荷响应特性的影响，因此本节展开纵倾角度入水的三维宽扁型艏部入水砰击模型试验研究，保证模型与实船的

几何外形相似关系，通过布置在模型表面的高精度压力传感器测得艏部的砰击压力变化与分布变化规律。江海直达船艏部模型纵剖图如图 2-1 所示。试验过程中需对结构入水相对速度、结构所受砰击压力，以及各测点处的砰击压力进行同步采集，避免时滞影响误差。

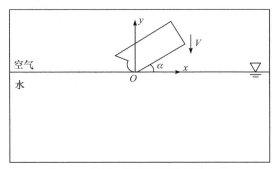

图 2-1　江海直达船艏部模型纵剖图

针对宽扁型江海直达船 Fr150 肋位至船首的结构进行模型制作，考虑砰击试验水池的尺寸限制，模型与实船的缩尺比选 1∶40，保证模型外形与实船具有同一缩尺比，三维模型入水过程与池壁保持一定的距离，尽量避免池壁效应的影响。实船与船模物理量主要参数如表 2-2 所示。模型内部安装有加强筋来保证试验过程中模型刚度。

表 2-2　实船与船模物理量主要参数

物理量	实船	模型
缩尺比 λ	40	1
水密度 ρ/(t/m³)	1.025	1.000
艏部长度 L/m	30.493	0.760
型宽 B/m	25.600	0.640
型深 H/m	12.350	0.309

试验模型为木制三维艏部模型，具有较小的几何尺寸和重量。为了避免加载架较大的质量影响模型入水砰击，同时满足模型能以任意角度冲击静水面，特别设计了一种新型的可调角度入水砰击试验塔架(图 2-2)。它由桁架式的滑动导轨、滚轮组、固定架和可调距离连接件组成。该塔架固定在试验水池正上方，并与水面保持铅垂，然后将试验模型固定在导轨下方，通过调整导轨下方的连接铰长度使模型与水面保持一定角度，保证艏部结构入水的运动稳定性。

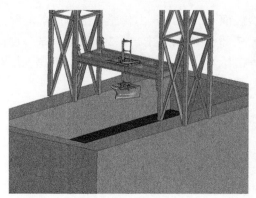

图 2-2　舶部入水砰击试验塔架设计图与模型图

2.3.2　试验仪器及测点

　　试验仪器包括高精度压力传感器、加速度传感器、电子数显角度仪、光电开关、Utekl 数据采集分析系统、计算机、摄像机等。由于入水砰击过程具有强瞬时性、随机性、局部性的特点,为了精确探究三维舶部模型砰击压力及其分布特性,分别于模型底部和外飘区域布置多个砰击压力传感器与加速度传感器。三维船首模型测点位置和砰击压力测点分布图如表 2-3 和图 2-3 所示。传感器外表面须与物面型线保持一致且光滑,避免物面误差对流场的影响,保证试验测量结果的精度。

表 2-3　三维船首模型测点位置

测点	肋位号	X/mm	Y/mm	Z/mm	剖面斜升角 β/(°)
P1	180	245	0	0	0
P2	175	320	0	0	0
P3	170	430	0	0	0
P4	165	480	0	0	0
P5	170	430	95	0	0
P6	170	430	190	7	1
P7	175	320	95	0	0
P8	175	320	190	22	25
P9	189	106	204	275	35
P10	189	106	162	250	38
P11	189	106	85	200	40
P12	189	106	36	150	60
P13	185	172	190	230	44
P14	185	172	150	200	37

续表

测点	肋位号	X/mm	Y/mm	Z/mm	剖面斜升角β/(°)
P15	191	81	169	275	44
P16	191	81	88	230	37
P17	191	81	33	190	84
P18	193	50	103	265	37
P19	193	50	51	235	85
P20	195	19	55	270	49

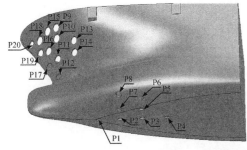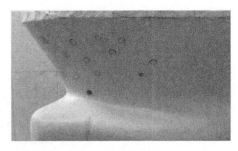

图 2-3　船首砰击压力测点分布图

2.4　三维弹性楔形体入水砰击试验

为探究弹性结构砰击入水过程中的结构响应与砰击载荷特性,将艏部结构简化后进行试验研究。由于艏部外飘角度位于 42°～48°,因此通过 45°斜升角的弹性楔形体模型探究弹性结构入水砰击过程,并在此基础上探究结构弹性效应的影响,设计两种不同刚度的楔形体结构开展模型试验,旨在明确结构弹性效应对入水过程中的砰击载荷与结构响应特性的影响。

2.4.1　三维弹性楔形体模型

两种不同刚度的三维弹性楔形体模型具有相同的物面尺寸,即主尺度长 1.2m、宽 0.75m、型深 0.475m。在内部结构布置形式相同的前提下,采用不同板厚与型材尺寸,使两个模型具有不同的截面惯性矩与重量(表 2-4)。弹性楔形体结构模型的横剖面结构如图 2-4 所示。除此之外,为了减小固定边界的影响,模型的板架四周采用加强结构,以减少板架间的相互影响。此外,为了避免其他因素的干扰,在模型的两端设置止流板,使楔形体入水过程中的流体为二维流动。

表 2-4　三维弹性楔形体模型尺寸

物理量	模型 WA	模型 WB
总体尺寸	1.2m × 0.75m × 0.475m	1.2m × 0.75m × 0.475m
板厚/mm	6	2
构件尺寸	60mm × 4mm	20mm × 2mm
横向数量	3	3
纵向数量	2	2
横向剖面惯性矩/m⁴	0.0075	0.0024
纵向剖面惯性矩/m⁴	0.0007	0.0002
重量/kg	155	71

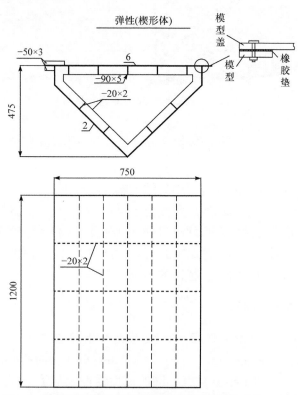

图 2-4　弹性楔形体结构模型的横剖面结构图(单位：mm)

2.4.2　试验仪器及测点

在三维弹性楔形体结构入水砰击试验过程中，将模型连接在加载架上，于距水面一定高度保证水平姿态自由释放，以一系列垂向初速度撞击静水面，并测试

三维弹性楔形体结构入水过程中的砰击压力与结构响应。试验仪器包括高灵敏壁
压传感器、加速度传感器、电阻应变片、光电开关、数据采集分析系统等。为了
明确砰击压力沿物面纵向与横向的变化规律，图 2-5 布置的高灵敏压力传感器共
16 个，均为东京测器研究所的 PDA-PA 型高精度微型压力传感器(直径 5mm、厚
度 2mm)，量程 0～200kPa，布置在楔形体外表面。同时，分别在楔形体板格、骨
材等构件上布置 20 组应变片测试结构响应，其中有 6 个三向应变片和 14 个单向
应变片，应变片则布置在楔形体内侧。

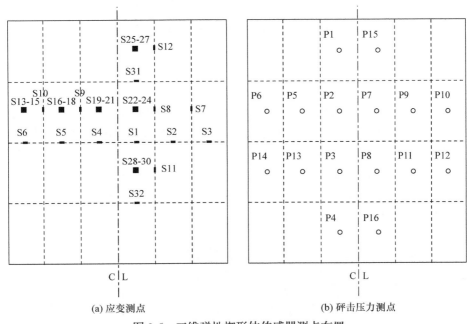

(a) 应变测点   (b) 砰击压力测点

图 2-5 三维弹性楔形体传感器测点布置

2.5 测试系统试验流程

入水砰击模型试验在冲击水池进行。水池的外围尺寸为 8.90m × 4.90m ×
3.15m，内围尺寸 8.00m × 4.00m × 3.15m。水池上方设置高 6m 的塔架。塔架上
设置 4 条垂直于静水面的轨道，加载架通过滑轮固定在轨道上。试验模型可固
定在加载架上，并随其从任意高度下落冲击水面。冲击试验水池及塔架如图 2-6
所示。试验主要采用自由落水冲击方法，即将模型从不同高度释放，以自由落体
的方式冲击静水面，通过预置的相关测试仪器和设备，测得模型的砰击压力和结
构响应。

图 2-6　冲击试验水池及塔架

2.5.1　三维船首砰击入水模型试验

在冲击水池中心区域搭建安装可调角度试验架，测量前先将艏部模型置于导轨下，调节并固定模型与水面的纵倾角 α，使模型于距水面不同高度处释放，然后以恒定纵倾角入水砰击。通过加速度测量结果可得模型入水过程的速度变化历程，通过各测点处压力传感器可测量艏部砰击压力时间历程过程及特性。考虑砰击过程的离散性，待水面完全恢复平静后相继对各工况重复进行 5 次。三维船首模型试验工况如表 2-5 所示。

表 2-5　三维船首模型试验工况

工况	入水速度 V/(m/s)	入水角度 α /(°)	$\sigma_v \times 100$	$\sigma_{pre} \times 100$
A0-1	2.1	0	3.1	0.71
A0-2	2.3	0	0.8	0.67
A0-3	2.5	0	1.3	0.45
A0-4	2.7	0	0.9	0.41
A0-5	2.9	0	1.1	0.54
A0-6	3.0	0	1.4	0.59
A0-7	3.2	0	2.1	0.64
A0-8	3.3	0	1.9	0.63
A5-1	1.84	5	1.7	0.71
A5-2	2.1	5	1.5	0.73
A5-3	2.31	5	2.3	0.54
A5-4	2.51	5	1.9	0.42
A5-5	2.7	5	1.7	0.41
A5-6	2.88	5	1.5	0.35
A5-7	3.04	5	2.2	0.30

续表

工况	入水速度 V/(m/s)	入水角度 α /(°)	$\sigma_v \times 100$	$\sigma_{\text{pre}} \times 100$
A10-1	1.58	10	1.6	0.29
A10-2	1.87	10	2.3	0.40
A10-3	2.11	10	2.5	0.31
A10-4	2.33	10	2.8	0.74
A10-5	2.54	10	2.4	0.68
A10-6	2.72	10	2.7	0.45
A10-7	2.9	10	2.6	0.67
A15-1	1.29	15	2.9	0.89
A15-2	2.56	15	1.8	0.71
A15-3	2.74	15	1.4	0.48

　　三维艏部模型入水砰击过程如图 2-7 所示。模型以自由落体形式按不同入水速度冲击静水面发生砰击,入水过程中的纵倾角度恒定。观测试验过程可以发现,船底部首先发生砰击并发出剧烈的拍击声,随即溅起水花并沿艏部结构的底部圆

图 2-7　三维艏部模型入水砰击过程

舷处向周围溅射，部分射流溅射作用于艏部外飘区域。随着入水初速度的增加，溅射射流距离增大，并且由于入水纵倾角度不断增大，艏部结构发生砰击的过程略有变化，船底部砰击的拍击声和射流距离略有减小。

2.5.2　三维弹性楔形体砰击入水模型试验

在试验过程中，不同刚度的三维弹性楔形体内均匀地布置相应的配重，并保证重心和转动惯量的一致，以减小两者质量不同对试验结果的影响。试验将模型放置在距离水面 0.5m、0.75m、1.00m、1.25m、1.5m、1.75m 的高度自由下落，通过压力传感器和电阻应变片测得入水过程中三维弹性楔形体结构受到的砰击载荷和结构响应。鉴于砰击过程的强非线性和瞬态性，动态数据采集仪的采样频率为 10kHz(压力)和 5kHz(应变)，试验各工况重复 5 次以保证测试结果的可靠性。

在各工况试验中，模型从指定高度自由下落，逐渐加速至楔形体底部刚好触水发生砰击，随着楔形体不断入水，自由液面沿着楔形体表面逐渐升高，同时伴随大量的水花从楔形体表面分离并向两侧飞溅和巨大的砰击声，沿楔形体横向溅射，呈现显著的二维流动。楔形体入水砰击过程如图 2-8 所示。

图 2-8　楔形体入水砰击过程(落高 $h = 1.75$m)

2.6　三维船首模型试验结果分析

2.6.1　砰击压力时间历程

垂向入水速度为 2.5m/s 时，P4 处不同纵倾入水角的无因次化砰击压力如图 2-9 所示。由此可见，在 10°和 15°纵倾角入水情况下，局部砰击压力系数较低且振荡幅值较小，迅速激增至砰击压力峰值后衰减；在纵倾角为 0°和 5°的情况下，C_p 幅值及振荡均较大，出现多个次峰值且持续时间较长。可见，随着纵倾角的激增，其砰击压力系数显著减小，在较小纵倾角度情况下，结构入水过程中受到的砰击载荷存在多个脉冲现象，在宽扁型江海直达船结构刚度较低的情况下易引起全船颤振响应。

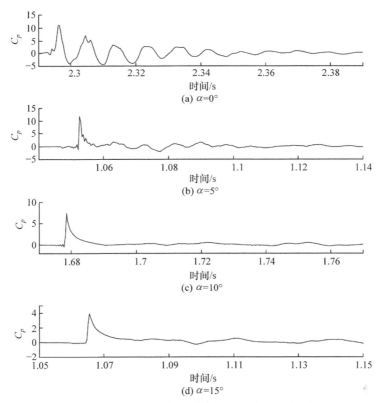

图 2-9　P4 处不同纵倾入水角的无因次化砰击压力
($V = 2.5\text{m/s}$)

　　船首模型在 0°和 5°的纵倾角入水砰击过程中，其入水速度与底部 P1～P8 处砰击压力如图 2-10 所示。砰击载荷呈现高度区域集中性，P1～P6 处的砰击载荷响应明显。艏部触水时，其局部砰击压力在较短的时间内升至峰值，高达 40kPa；在结构砰击压力作用下，结构物速度减小，直至反向回落振荡并浮于水面处。同一纵剖面处，距艏部前端距离最近的 P1 处，即 $X=245\text{mm}$ 处率先遭遇砰击载荷作用，而距艏部前端最远处的 P4 处则较后遭遇砰击载荷。在一定纵倾角度的入水过程中，前端结构入水引起的流场变化，以及自由液面飞溅效应对末端结构处的砰击载荷特性具有较大的影响。

　　在垂直入水情况下，船底同一横剖面的 P3 和 P5 处均于同一瞬时达到砰击载荷峰值且呈同一振荡频率，舷侧 P6 处的砰击载荷则显著小于底部区域处。在 5°纵倾角入水情况下，P5 处相较于 P3 处有一定的时滞效应。由于三维效应的存在，同一横剖面处的砰击载荷起始时间有一定的差异。除此之外，在垂直入水情况下，各位置处的砰击载荷由于呈现明显的振荡，在达到砰击压力峰值后出现多个次峰值，主要是由于宽扁型船首底部作用区域斜升角度较小类似于平底结构；在垂直入水过程中部分气体未能从物面边界处逃逸，空气迅速压缩于流固交界面处，形成一层气液混合空气垫，使物面局部瞬态砰击压力的振荡幅值有所下降。但是，其砰击载荷振荡频率较大且持续时间较长，空气垫的存在会增加砰击压力脉冲的持续时间，引起更为显著的局部振动。在 $\alpha = 5°$ 工况中，底部砰击载荷并不存在明显次峰值响应，可见艏部模型在一定纵倾角入水砰击过程中并不存在明显的空气垫现象，因此可以避免次峰值的二次作用，使砰击载荷持续时间显著缩短，砰击载荷引起的冲量显著削弱。

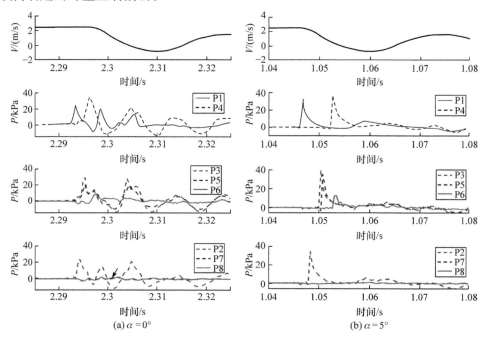

图 2-10　$\alpha = 0°$ 和 $\alpha \sim 5°$ 纵倾角下船首模型入水速度与底部 P1～P8 处砰击压力

2.6.2　砰击压力峰值

不同入水速度及纵倾角下 P1 处无因次砰击压力峰值系数，即 $C_{p\max} = P_{\max} / 0.5\rho V^2$，如图 2-11 所示。由图可见，各纵倾角工况下砰击压力峰值随入水速度的变化规律趋势一致，均随入水速度的增加而减小。相较于同一入水速度下 $\alpha = 5°$ 时的砰击压力峰值压力最大，$\alpha = 0°$ 次之，$\alpha = 15°$ 时的无因次砰击压力峰值系数最小。可见，纵倾角与入水速度对无因次化砰击压力峰值系数的影响较大。随着纵倾角度的减小，无因次化砰击压力峰值系数明显激增，但是纵倾角为 0°，即在三维船首模型垂直入水情况下，由于宽扁型船型特点底部区域近似于平板结构，气体急速压缩并无法从物面边缘逃逸，砰击压力峰值由于空气垫的作用大幅降低。

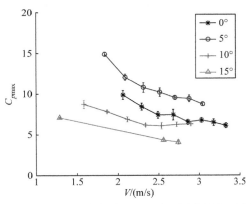

图 2-11　不同入水速度及纵倾角下 P1 处无因次砰击压力峰值系数

2.6.3　砰击压力物面分布特性

入水速度为 2.5m/s 时，不同入水角下的砰击压力系数如图 2-12 所示。其中，实线和虚线分别表示砰击压力系数沿船宽和船长方向的变化规律，底端 x 轴表示船长方向，左边 y 轴表示沿船长分布的砰击压力系数；顶端 x 轴表示船宽方向，右边 y 轴表示沿船左舷分布的砰击压力系数。由此可知，在小角度砰击时($\alpha=0°$、5°)，砰击压力沿船长和船宽递减幅度较大，随着入水角度的增大($\alpha \geqslant 10°$)，压力沿船长和船宽方向变缓而趋于均布。这是艏部模型宽扁肥大的底部结构形式造成的。在小角度砰击时，底部中心更容易发生空气垫和空化效应，受到较大的瞬态冲击力作用，远离中心处流动速度小，因此边缘处压力较小。在大角度砰击时，艏部结构沿船长方向的入水砰击特性与传统楔形体类似，较长的宽度可以保证流动的二维性，使砰击压力沿宽度方向分布较均匀。

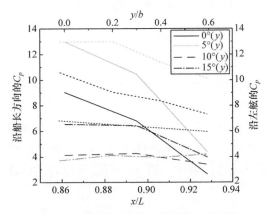

图 2-12　不同入水角下的砰击压力系数

2.7 三维弹性楔形体模型试验结果分析

2.7.1 入水砰击速度

由于钢制楔形体模型质量较大，因此需要固定在加载架上以自由落体运动形式砰击静水面。由于加载架与轨道摩擦阻力、吊机阻力等因素，模型入水速度有所降低。因此，为了准确对楔形体入水砰击速度进行测试，可通过布置在静水面附近的光电开关测试其入水速度。弹性楔形体模型入水速度(V_m)如表 2-6 所示。

表 2-6　弹性楔形体模型入水速度

落高 h/m	通过光电开关时间差/ms	V_m/(m/s)
0.50	64.94	3.08
0.75	54.29	3.68
1.00	47.55	4.21
1.25	42.05	4.76
1.50	38.20	5.24
1.75	35.40	5.65

2.7.2 砰击压力峰值和持续时间

经过多次重复试验，可得不同入水速度下楔形体的砰击压力峰值和砰击持续时间。这两种刚度楔形体的砰击压力峰值、结构响应特点基本相似。随着楔形体入水砰击发生，沿肋骨方向的测点依次出现压力峰值。随后，楔形体在浮力和流体作用力下大幅减速，砰击压力峰值也迅速减小。下面对不同刚度弹性楔形体结构的砰击压力沿物面纵向和横向分布特性展开分析。

1. 砰击压力沿物面纵向分布特性

在弹性楔形体模型纵向方向同一高度(距底部基线的距离)的不同肋位处，对称布置压力传感器。弹性楔形体模型 WA 和 WB 上 P1～P4 处砰击压力峰值和持续时间分别如图 2-13 和图 2-14 所示。

由此可知，对于不同刚度的弹性楔形体模型，各测点的砰击压力峰值随入水速度(高度)的增加而增大，持续时间则随之减小。沿楔形体纵向同一高度测点的砰击压力峰值基本保持一致。因此，流体沿楔形体纵向的流动变化较小，主要沿楔形体横向呈二维流动。

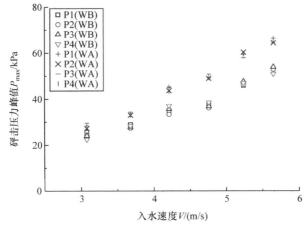

图 2-13　弹性楔形体模型 WA 和 WB 上 P1～P4 处砰击压力峰值

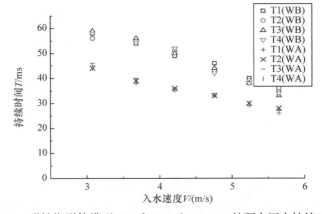

图 2-14　弹性楔形体模型 WA 和 WB 上 P1～P4 处砰击压力持续时间

2. 砰击压力沿物面垂向分布特性

弹性楔形体模型 WA 和 WB 在物面垂向各测点的砰击压力峰值及其持续时间如图 2-15 和图 2-16 所示。由此可知，随着入水速度的增大，楔形体砰击压力增大，砰击压力持续时间减小。同时，沿楔形体物面垂向，距底部龙骨越近，砰击压力峰值越大。不同刚度楔形体模型的砰击压力及其持续时间有显著差别，相较于刚性楔形体模型 WA，弹性楔形体模型 WB 的砰击压力峰值较大且持续时间较短。可见，结构刚度对砰击压力及持续时间有显著影响。

2.7.3　结构响应特性

如图 2-17 所示，在楔形体底部外板上，S21、S18、S13 应力测点处率先出现拉应力，而后在砰击压力作用下迅速转变为压应力，最后由振动转变为拉应力，

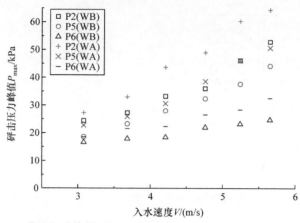

图 2-15　弹性楔形体模型 WA 和 WB 上 P2、P5 与 P6 砰击压力峰值

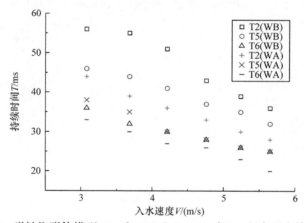

图 2-16　弹性楔形体模型 WA 和 WB 上 P2、P5 与 P6 砰击压力持续时间

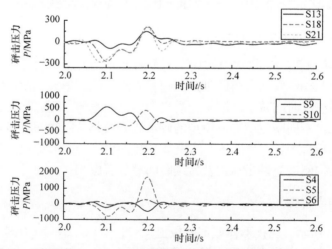

图 2-17　楔形体 WB 入水砰击结构响应时间历程曲线(落高 h=1.5m)

并迅速衰减，直至应力为零。同时，砰击作用力通过外板传递给纵骨和肋骨，使骨材在极短的时间内发生振动响应，并随砰击的结束迅速衰减为零。对比可知，肋骨上的应力最大，纵骨次之，外板应力最小。这是由于砰击载荷通过外板传递到骨架结构，经过简化的骨材结构的局部刚度较小，因此相对结构应力较大。

各入水速度下的弹性楔形体结构外板沿纵向和垂向的应力特性如图 2-18 与图 2-19 所示。由此可知，外板砰击结构的响应随入水速度的增大而显著增大。同时，在砰击载荷作用下，外板距离底部龙骨的位置越近，其结构应力越大；沿模型纵向方向，同一高度位置的外板应力分布较均匀。这种分布特点与砰击压力分布是一致的。随着入水速度增加，外板上沿纵向的应力变化较小，而横向应力增幅较大，且离底部龙骨越近，响应随速度的增幅越大。

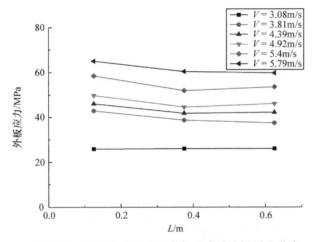

图 2-18　不同入水速度下外板砰击响应沿纵向分布

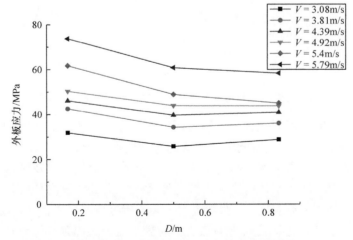

图 2-19　不同入水速度下外板砰击响应沿垂向分布

不同入水速度下纵骨砰击响应分布如图 2-20 和图 2-21 所示。S9、S7、S10 为同一高度上不同纵向位置的应力测点，S7、S8 为同一肋位处不同垂向高度的应力测点。由此可知，纵骨应力随着入水速度的增大而显著增大，垂向距底部龙骨较近处的纵骨应力水平高于较远处，但是纵向的应力变化不大。

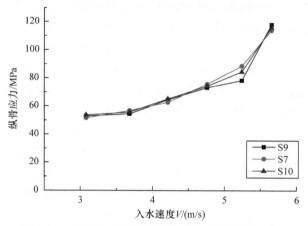

图 2-20　不同入水速度下纵骨砰击响应沿纵向分布

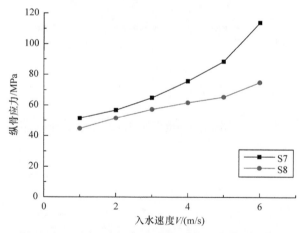

图 2-21　不同入水速度下纵骨砰击响应沿垂向分布

各入水速度下不同位置处的肋骨砰击响应分布如图 2-22 和图 2-23 所示。S3、S31、S32 为同一高度上不同纵向位置的应力测点，S1、S2、S3 为同一肋位处不同垂向高度上的应力测点。与砰击压力、外板结构响应，以及纵骨结构响应一致的是，肋骨应力随入水速度增大而线性增大，并且其在纵向分布较平均。然而，肋骨在垂向分布上略有区别，肋骨应力最大位置处于半宽方向中心处(也是垂向高度上型深的一半)，距离底部龙骨较近的位置次之，距离顶部位置最小。这是因为肋骨框架的两端(底部龙骨处和顶部刚性面板)刚度较大，靠近两个端部的测点弹性系数大于中心处，同时底部龙骨相对于面板刚度较小，所以肋骨应力在中心处最大，靠近底部次之，靠近顶部最小。

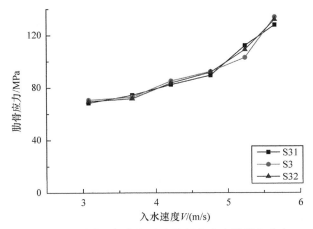

图 2-22　不同入水速度下肋骨砰击响应沿纵向分布

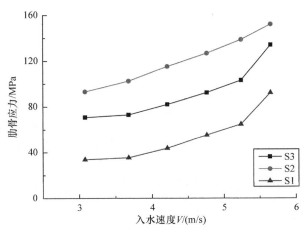

图 2-23　不同入水速度下肋骨砰击响应沿垂向分布

2.8　本 章 小 结

本章详细介绍宽扁型江海直达船艏部结构与三维弹性楔形体结构在不同纵倾角及不同入水速度下的落体砰击模型试验研究，介绍试验系统设计方案及试验结果，得到艏部底部砰击压力峰值和分布特性。在此基础上，探究不同入水角度与入水速度对砰击载荷特性的影响规律，并得到局部结构在砰击瞬态载荷作用下的结构响应特性，以及不同入水速度下结构的弹性效应对砰击压力峰值及分布的影响规律。

江海直达船底部为宽扁肥大形式，砰击压力和传统平板结构入水特性相似，随入水速度的增大砰击压力增大；在入水角度为 5°时，砰击压力峰值最大。由于底部宽扁肥大，在入水过程中可能夹杂部分空气，在船底和水面之间形成空气垫。在纵倾角度小于 5°情况下，结构入水过程受到的砰击载荷存在多个脉冲现象，在宽扁型江海直达船结构刚度较低的情况下，可能引发全船颤振响应。

第3章　江海直达船舶砰击载荷数值仿真分析

3.1　概　　述

由于运动过程中船首处遭遇的砰击载荷特性对船舶局部结构强度的安全性至关重要，并且局部砰击载荷引起的全船瞬态颤振响应亦对全船结构设计不容忽视，因此在船舶设计阶段必须有效合理地评估其遭遇的砰击载荷特性。艏部砰击载荷具有强非线性与复杂性，涉及物面形状、结构水弹性效应、船波相对运动、空气垫效应、遭遇波浪浪况、入射波浪特性等诸多影响因素，并且入水砰击过程经历溅射、流固耦合面分离、流体破碎、空泡形成等过程，涉及气固液多相流固耦合的复杂物理问题。诸多学者采用模型试验、理论研究，以及流固耦合数值仿真研究方法，对结构相对简单且与船体剖面形状类似的二维楔形体剖面，或者简单剖面形式，如二维圆柱体、三维圆球、三维锥体等开展入水砰击载荷特性研究，继而对船体局部结构砰击载荷进行预报，并对全船颤振响应建立可靠有效的预报计算方法。

本章通过改进的 Wagner 模型解析解、ALE 流固耦合算法，以及 FEM-SPH 针对二维刚性楔形体、二维船体剖面开展砰击载荷预报研究，并与试验结果进行对比，验证理论解析方法与仿真方法的有效性与可靠性。继而采用 ALE 流固耦合算法对三维宽扁型江海直达船艏部模型进行数值仿真研究，探究三维宽扁船型艏部所受砰击载荷的时空特性和变化规律，并对宽扁船型艏部物面形状提出 OLM (original Logvinovich model，原始 Logvinovich 模型)、MLM(modified Logvinovich model，改进 Logvinovich 模型)、GWM 的解析解，同时对比分析其可靠性与适用性。除此之外，本章所述的砰击载荷模型计算方法还可应用于后续的非线性水弹性时域，为波浪运动中的宽扁型江海直达船舶的砰击载荷，以及全船颤振响应预报奠定研究基础。

3.2　砰击载荷解析方法的基本理论

理论模型解析方法由于计算高效等特点在工程应用中具有明显的优势，特别是在船舶结构方案设计优化阶段可在较短时间内评估结构所受的砰击载荷量值及其分布规律，并通过理论模型解析结果验证其他数值仿真预报方法的有效性与可靠性。

3.2.1　砰击入水物理过程描述

1. 基本假定

考虑砰击入水过程的复杂性，针对其物理现象的研究须基于一系列假定及简化的前提条件，以便对砰击入水问题进行描述和解析分析。本章对对称结构砰击入水问题的研究基于以下假定。

(1) 流体为无旋无黏的不可压缩理想流体。由于砰击过程持续时间量级较小，瞬态砰击过程中剪切流动对流场作用有限，边界层厚度相较于结构物尺寸可忽略不计，并且由于流体的流速远小于声速，因此可忽略其黏性与可压缩性的影响。

(2) 流场域为无限水深，起始时刻流体为静止自由状态。

(3) 入水结构为刚性体，在入水过程中忽略流体表面张力及重力的影响。

(4) 结构物与流场均关于 y 轴对称，并沿 y 轴方向垂直于静水平面入水。

2. 控制方程及边界条件

对于流场内的理想流体，其速度势 $\phi = \phi(x, y, t)$ 应满足拉普拉斯方程，即

$$\nabla^2 \phi = \frac{\partial^2 \phi}{\partial x^2} + \frac{\partial^2 \phi}{\partial y^2} = 0 \tag{3-1}$$

由于物面不可穿透属性，浸湿表面的流体质点须满足的物面条件为

$$(\nabla \phi - v) \cdot n = 0 \tag{3-2}$$

其中，v 为结构物的垂向入水速度；$n = (n_x, n_y)$ 为物面的单元外法向向量。

无穷远处的流场不受砰击入水物理过程的影响，保持静止状态。其满足的边界条件为

$$\phi(x, y, t) \to 0, \quad x^2 + y^2 \to \infty \tag{3-3}$$

自由表面处流场应满足的边界条件为

$$\frac{\partial \phi}{\partial t} = \frac{1}{2}\left(\frac{\partial^2 \phi}{\partial x^2} + \frac{\partial^2 \phi}{\partial y^2}\right) - gy \tag{3-4}$$

其中，g 为重力加速度。

基于动量守恒定理的伯努利方程，流场内的压力分布为

$$P = p_0 - \rho \frac{\partial \phi}{\partial t} - \frac{1}{2}\rho \nabla \phi \nabla \phi - \rho gz \tag{3-5}$$

其中，P 为砰击压力；p_0 为大气压；ρ 为流体密度。

其自由表面动力学边界条件为

$$\begin{cases} \dfrac{\partial \phi}{\partial x} = \dfrac{\partial x}{\partial t} \\[2mm] \dfrac{\partial \phi}{\partial y} = \dfrac{\partial y}{\partial t} \end{cases} \tag{3-6}$$

3.2.2　Wagner 模型解析解

von Karman 通过动量定理研究结构物入水砰击载荷问题，但是并未考虑结构入水过程中引起的水面抬高因素，也未考虑物体重力、浮力、其他外力等的影响。Wagner 在此基础上考虑物体自由液面处水面抬高的因素，使其更接近真实的砰击物理过程。Wagner 理论模型示意图如图 3-1 所示。水面抬高后的水面浸湿半宽为 $c(t)$，不考虑水面抬高的静水面半宽为 $c_0(t)$，考虑水面抬高后的浸入深度为 $\eta(t)$。

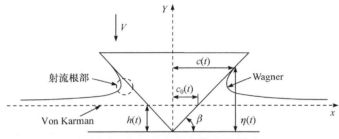

图 3-1　Wagner 理论模型示意图

采用平板拟合法可得浸湿半宽 $c(t)$，针对宽度为 $2c_0(t)$ 的二维平板的速度势代替结构物入水，其浸湿物面处的流场须满足的边界条件为

$$\frac{\partial \phi}{\partial y} = -V, \quad |x| \leqslant c(t), \quad y = 0 \tag{3-7}$$

其物面上的速度势可表示为

$$\phi = -V(c^2 - x^2)^{1/2}, \quad |x| \leqslant c(t) \tag{3-8}$$

根据伯努利方程，压力分布为

$$P = p_0 - \rho \frac{\partial \phi}{\partial t} - \frac{1}{2}\rho \left[\left(\frac{\partial \phi}{\partial x} \right)^2 + \left(\frac{\partial \phi}{\partial y} \right)^2 \right] - \rho g z \tag{3-9}$$

由于流体加速度远大于重力加速度的影响，大气压 p_0 默认为固定值，因此可忽略重力加速度和大气压的影响。另外，砰击过程的时间尺度较短，可对自由表面的边界条件做线性化处理，冲击发生的瞬时自由表面为初始静水面状态，即 $\phi = 0$。因此，物面砰击压力分布与剖面所受砰击压力分别为

$$P = -\rho \frac{\partial \phi}{\partial t} = \rho V \frac{c}{(c^2 - x^2)^{1/2}} \frac{\mathrm{d}c}{\mathrm{d}t} + \rho \frac{\mathrm{d}V}{\mathrm{d}t}(c^2 - x^2)^{1/2} \tag{3-10}$$

$$F = \int_{-c}^{c} p\,\mathrm{d}x = \rho \pi V c \frac{\mathrm{d}c}{\mathrm{d}t} + \rho \frac{\pi}{2} c^2 \frac{\mathrm{d}V}{\mathrm{d}t} \tag{3-11}$$

在自由表面处，即 $x>c(t)$，流体质点的垂向相对速度为

$$V_n = \frac{\partial \phi}{\partial y} = \frac{V}{\sqrt{1 - c(t)^2/x^2}}, \quad y = 0, \quad x > c(t) \tag{3-12}$$

考虑水面垂向隆起距离后的浸入深度 $\eta(x)$ 为

$$\eta(x) = \int_{0}^{t} \frac{V}{\sqrt{1 - c^2(t)/x^2}}\,\mathrm{d}t \tag{3-13}$$

通过 $u(c) = V\dfrac{\mathrm{d}t}{\mathrm{d}c}$，可得

$$\eta(x) = \int_{c=0}^{c \leqslant x} \frac{u(c)}{\sqrt{1 - c^2/x^2}}\,\mathrm{d}c \tag{3-14}$$

在水面隆起的浸湿半宽处，$x=c(t)$ 的流体质点到达结构物表面时，其自由液面形状函数 $\eta(x,t)$ 须与结构物的纵坐标一致，即

$$\eta_b(x) = f(x) - h(x) \tag{3-15}$$

其中，$f(x)$ 为入水结构物的形状函数；$h(x)$ 为浸入深度。

若入水结构物剖面的形状可用级数表示为

$$\eta_b(x) = A_0 \frac{\pi}{2} x + A_1 x^2 + \cdots + A_{n-1} x^n \tag{3-16}$$

则通过式(3-14)可得 $u(c)$，即

$$u(c) = A_0 + A_1 c + \cdots + A_{n-1} c^{n-1} \tag{3-17}$$

因此，由 $u(c) = V\dfrac{\mathrm{d}t}{\mathrm{d}c}$ 与式(3-10)可得浸湿半宽 $c(t)$ 和砰击压力分布。

1. 楔形体解析解

对于斜升角为 β 的对称楔形体，其结构形状函数为 $f(x) = x\tan\beta$。基于 Wagner 模型可得 $u(c)$，以及浸湿半宽 $c(t)$，即

$$\begin{cases} u(c) = \dfrac{2}{\pi}\tan\beta \\ c(t) = \dfrac{\pi V t}{2\tan\beta} \end{cases} \tag{3-18}$$

当不考虑入水过程引起的自由液面抬高时，楔形体剖面的浸湿半宽为 $\dfrac{Vt}{\tan\beta}$，可以看出受波面抬高的影响，整个剖面的浸湿宽度增大 $\pi/2$ 倍。根据式(3-10)可得沿楔形体物面受到的无因次砰击压力和砰击压力，即

$$C_p = \frac{p - p_0}{\dfrac{1}{2}\rho V^2} = \frac{\pi^2 V t}{\tan\beta[(\pi V t)^2 - 2(x\tan\beta)^2]^{1/2}} \tag{3-19}$$

$$\begin{cases} C_F = \dfrac{F}{\rho V^3 t}\tan^2\beta \\ F = \dfrac{\rho\pi^3 V^3 t}{(2\tan\beta)^2} \end{cases} \tag{3-20}$$

在楔形体匀速入水的情况下，无因次砰击压力峰值为

$$C_{p\max} = 1 + \frac{\pi^2}{4\tan^2\beta} \tag{3-21}$$

由此可知，在结构物斜升角 β 较小时，砰击压力激增。需要注意的是，由于自由液面条件 $\phi = 0$，湿表面减小阶段并不能找到相交点，因此 Wagner 模型并不适用于出水阶段。除此之外，在 $c=x$ 处存在奇异性，物面与液面边界处的压力趋于无穷大。此处的砰击压力计算值并不符合实际物理情况，需要进一步改进其模型方法。

2. 船体剖面解析解

在二维刚性宽扁型船体剖面结构入水砰击过程中，其物面结构形状可拟合为多项式形式，即 $\eta_b(x) = \dfrac{\pi}{2}A_0 x + A_1 x^2$，基于 Wagner 模型可得 $u(c)$ 和浸湿半宽 $c(t)$，即

$$\begin{cases} u(c) = A_0 + A_1 c \\ c(t) = -\dfrac{A_0}{A_1} + \dfrac{\sqrt{A_0^2 + 2A_1 V t}}{A_1} \end{cases} \tag{3-22}$$

代入式(3-10)和式(3-11)可得沿船体剖面处的砰击压力，即

$$P = \rho V^2 A_1 \left[1 - \frac{A_0}{A_0^2 + 2A_1 Vt} \right] \frac{A_1}{(A_0 + \sqrt{A_0^2 + 2A_1 Vt})^2 - 2A_1^2 x^2} \tag{3-23}$$

$$F = \rho \pi \frac{V^2}{A_1} \left(1 - \frac{A_0}{\sqrt{A_0^2 + 2A_1 Vt}} \right) \tag{3-24}$$

3.2.3 改进的 Wagner 模型解析解

由于 Wagner 模型中存在物面边界处的奇异性问题，因此不符合实际物理过程。Logvinovich 提出 OLM，在伯努利方程的速度势分布中添加泰勒展开高阶项，通过速度势的高阶项考虑非线性项的影响，使接触边缘处的流速有界。Korobkin 在 OLM 的基础上，考虑入水结构物物面形状的因素，提出 MLM。

考虑式(3-9)中砰击压力的非线性项 $\frac{1}{2} \left(\frac{\partial \phi}{\partial x} \right)^2 + \left(\frac{\partial \phi}{\partial y} \right)^2$，可通过 Cauchy-Lagrange(柯西-拉格朗日)积分得到压力分布，即

$$P(x,y,t) = \rho \left[\frac{\partial \phi}{\partial t} + \frac{1}{2} \left(\frac{\partial \phi}{\partial x} \right)^2 + \left(\frac{\partial \phi}{\partial y} \right)^2 \right] \tag{3-25}$$

根据物面位置表达式 $y = f(x) - h(t)$，其物面边界条件可表示

$$\frac{\partial \phi}{\partial y} = \frac{\partial \phi}{\partial x} f'(x) - \dot{h}(t) \tag{3-26}$$

因此，根据(3-9)可得到砰击压力分布，即

$$P(x,t) = -\rho \left\{ \frac{\partial \phi}{\partial t} + \frac{f'(x)\dot{h}}{1 + \left(\frac{\partial f(x)}{\partial x} \right)^2} \frac{\partial \phi}{\partial x} + \frac{\left(\frac{\partial \phi}{\partial x} \right)^2 - \dot{h}^2}{2 \left[1 + \left(\frac{\partial f(x)}{\partial x} \right)^2 \right]} \right\} \tag{3-27}$$

在砰击入水的初始阶段，物体的浸入深度 $h(t)$ 与 $f(x)$ 为同一量级，相较于浸湿宽度 $2c(t)$ 为小量，并将边界条件经无因次化后可得

$$\bar{\varphi}(x,y,t) = 0, \quad \text{流域} \bar{\Omega}(\bar{t}) \text{内} \tag{3-28}$$

$$\frac{\partial \bar{\varphi}}{\partial \bar{t}} + \varepsilon \frac{1}{2} |\nabla \bar{\varphi}|^2 = 0 \tag{3-29}$$

$$\frac{\partial \bar{\eta}}{\partial \bar{t}} + \varepsilon \frac{\partial \bar{\eta}}{\partial \bar{x}} \frac{\partial \bar{\varphi}}{\partial \bar{x}} = \frac{\partial \bar{\varphi}}{\partial \bar{y}}, \quad \bar{y} = \varepsilon \bar{\eta}(\bar{x}, \bar{t}) \tag{3-30}$$

$$\frac{\partial \bar{\varphi}}{\partial \bar{y}} = \varepsilon \bar{f}'(\bar{x}) \frac{\partial \bar{\varphi}}{\partial \bar{x}} - \frac{\partial h}{\partial \bar{t}}, \quad \bar{y} = \varepsilon (\bar{f}(\bar{x}) - \bar{h}(\bar{t})) \tag{3-31}$$

$$\overline{\varphi} \to 0, \quad \overline{x}^2 + \overline{y}^2 \to \infty \tag{3-32}$$

其中，各特征量均为无因次化量，即 $\varepsilon = f(c)/c$、$\overline{h} = h/(\varepsilon c)$、$\overline{f}(\overline{x}) = f(x/c)/(\varepsilon c)$、$\overline{y} = y/(\varepsilon c) = \overline{\eta}[x/c, V_0 t/(\varepsilon c)]$、$\overline{\varphi}(\overline{x}, \overline{y}, \overline{t})$ 为无因次化速度势。

根据式(3-25)，砰击压力分布的无量纲形式为

$$\overline{P}(\overline{x}, \overline{y}, \overline{t}) = \rho \left[\frac{\partial \overline{\varphi}}{\partial \overline{t}} + \frac{1}{2} \varepsilon \left(\frac{\partial \varphi}{\partial x} \right)^2 + \left(\frac{\partial \varphi}{\partial y} \right)^2 \right] \tag{3-33}$$

式(3-28)～式(3-32)的速度势解可表示为

$$\overline{\varphi}(\overline{x}, \overline{y}, \overline{t}) = \overline{\varphi}^{(w)}(x_1, y_1, \overline{t}) + \varepsilon \overline{\varphi}_1(x_1, y_1, \overline{t}) + O(\varepsilon^2) \tag{3-34}$$

$$\overline{\eta}(\overline{x}, \overline{t}) = \overline{\eta}^{(w)}(x_1, \overline{t}) + \varepsilon \overline{\eta}_1(x_1, \overline{t}) + O(\varepsilon^2) \tag{3-35}$$

其中，$x_1 = \overline{x}$；$y_1 = \overline{y} - \varepsilon \overline{d}(\overline{t})$；$\overline{\varphi}^{(w)}$、$\overline{\eta}^{(w)}$ 为主阶项。

当 $\varepsilon \to 0$ 时，速度势即 Wagner 模型表达式。该模型将水面抬高的垂向高度线性化，可得 $\overline{d}(t) = f(c(t)) - h(t)$。

式(3-34)中得速度势可表示

$$\phi(x, t)$$
$$= V_0 L \overline{\varphi}(\overline{x}_1, \varepsilon(\overline{f}(\overline{x}) - \overline{h}(x)), \overline{t})$$
$$= V_0 L (\overline{\varphi}^w(\overline{x}_1, \varepsilon(\overline{f}(\overline{x}) - \overline{h}(x) - \overline{d}(\overline{t})), \overline{t}) + \varepsilon \overline{\varphi}_1(\overline{x}_1, \varepsilon(\overline{f}(\overline{x}) - \overline{h}(x) - \overline{d}(\overline{t})), \overline{t}) + O(\varepsilon^2))$$

$$\tag{3-36}$$

略去高阶项并将主阶项于 c 处进行泰勒展开可得

$$\overline{\varphi}^{(w)}(\overline{x}_1, \varepsilon(\overline{f}(\overline{x}) - \overline{h}(x) - \overline{d}(\overline{t})), \overline{t})$$
$$= \overline{\varphi}^{(w)}(\overline{x}_1, 0, \overline{t}) + \varepsilon \frac{\partial \overline{\varphi}^{(w)}}{\partial y_1}(\overline{x}_1, 0, \overline{t})(\overline{f}(\overline{x}) - \overline{h}(x) - \overline{d}(\overline{t})) + O(\varepsilon^2) \tag{3-37}$$

在式(3-36)中，$\varepsilon \to 0$ 时可得物面条件，即

$$\frac{\partial \overline{\varphi}^{(w)}}{\partial y_1}(x_1, 0, \overline{t}) = -\frac{\partial \overline{h}}{\partial \overline{t}} \tag{3-38}$$

因此，结合式(3-37)与式(3-38)，忽略 $O(\varepsilon^2)$ 的二阶无穷小量，可得速度势的近似表达式，即

$$\phi(x, t) = V_0 L(\overline{\varphi}^{(w)}(x_1, 0, \overline{t}) - \varepsilon \frac{\partial \overline{h}}{\partial t}(\overline{f}(\overline{x}) - \overline{h}(x) - \overline{d}(\overline{t}))) \tag{3-39}$$

原始量纲下的速度势表达式为

$$\phi(x, t) \approx \varphi^{(w)}(x, 0, t) - \dot{h}(t)(f(x) - h(t) - d(t)) \tag{3-40}$$

其中，$\varphi^{(w)}$ 为 Wagner 模型中的速度势。

MLM 中的速度势为

$$\phi_{\mathrm{MLM}}(x,t) = -\dot{h}(t)(c^2 - x^2)^{1/2} - \dot{h}(t)(f(x) - h(t)) \tag{3-41}$$

由此可知，尽管 MLM 忽略了部分高阶项，但相较于 Wagner 模型，其速度势在物面处进行泰勒展开后考虑一阶项，近似考虑其速度势的非线性影响。其砰击压力的计算可用于斜升角更大范围的结构物。结合砰击压力分布表达式可得

$$P(x,t) = \rho \dot{h}^2(t) \left\{ \frac{\dot{c}}{\dot{h}} \frac{c}{(c^2 - x^2)^{1/2}} - \frac{1}{2} \frac{c^2}{(c^2 - x^2)(1 + f_x^2)} - \frac{1}{2} \frac{f_x^2}{1 + f_x^2} \right.$$
$$\left. - \frac{\dot{d}}{\dot{h}} + \frac{\ddot{h}}{\dot{h}} [(c^2 - x^2)^{1/2} + f(x) - h(t)] \right\} \tag{3-42}$$

其中，$f_x = \partial f(x) / \partial x$，初始自由液面即 $y=0$ 处，当 $d=0$ 时为 MLM，当 $d = f(c(t)) - h(t)$ 做线性化处理飞溅高度时为 GWM。

OLM 并未考虑物体形状的因素，忽略了斜升角 β 的高阶项。

1. 楔形体解析解

针对斜升角为 β 的对称楔形体，基于 MLM 可得物面砰击压力分布，即

$$P_{\mathrm{MLM}}(x,t) = \frac{1}{2}\rho \dot{h}^2(t) \left[\frac{\pi}{\tan \beta} \frac{c}{(c^2 - x^2)^{1/2}} - \cos^2 \beta \frac{c^2}{c^2 - x^2} - \sin^2 \beta \right] \tag{3-43}$$

考虑 $d(t) = f(c(t)) - h(t)$ 做线性化处理飞溅高度，基于 GWM 的砰击压力分布为

$$P_{\mathrm{GWM}}(x,t) = \frac{1}{2}\rho \dot{h}^2(t) \left[\frac{\pi}{\tan \beta} \frac{c}{(c^2 - x^2)^{1/2}} - \cos^2 \beta \frac{c^2}{c^2 - x^2} - \sin^2 \beta + 2 - \pi \right] \tag{3-44}$$

OLM 并未考虑物体形状的高阶项，忽略了式(3-42)中关于 β 的二阶项，即

$$P_{\mathrm{OLM}}(x,t) = \frac{1}{2}\rho \dot{h}^2(t) \left[\frac{\pi}{\tan \beta} \frac{c}{(c^2 - x^2)^{1/2}} - \frac{c^2}{c^2 - x^2} \right] \tag{3-45}$$

因此，在接近喷溅根部处可得各模型作用于剖面的砰击压力峰值，即

$$\begin{cases} P_{\max} = \dfrac{1}{2}\rho \dot{c}^2(t), \quad \text{OML} \\[2mm] P_{\max} = \dfrac{1}{2}\rho \dot{c}^2(t) \left(\cos^{-2} \beta - \dfrac{V^2}{\dot{c}^2} \sin^2 \beta \right), \quad \text{MLM} \\[2mm] P_{\max} = \dfrac{1}{2}\rho \dot{c}^2(t) \left[\cos^{-2} \beta - \dfrac{V^2}{\dot{c}^2}(\sin^2 \beta + \pi - 2) \right], \quad \text{GWM} \end{cases} \tag{3-46}$$

进而可得楔形体剖面受到的砰击力 $F(t)$，即

$$F(t) = \rho V^2 c(t)\left(\frac{\pi^2}{2\tan\beta} - K(\beta)\right) \tag{3-47}$$

$$\begin{cases} K(\beta) = \dfrac{\pi}{\tan\beta}\left(\dfrac{\pi}{2} - \arcsin\beta\right) + \dfrac{1}{2}\ln\left(\dfrac{1+\xi}{1-\xi}\right), & \text{OLM} \\[3mm] K(\beta) = \dfrac{\pi}{\tan\beta}\left(\dfrac{\pi}{2} - \arcsin\beta\right) + \dfrac{1}{2}\cos^2\beta\ln\left(\dfrac{1+\xi}{1-\xi}\right) + \xi\sin^2\beta, & \text{MLM} \\[3mm] K(\beta) = \dfrac{\pi}{\tan\beta}\left(\dfrac{\pi}{2} - \arcsin\beta\right) + \dfrac{1}{2}\cos^2\beta\ln\left(\dfrac{1+\xi}{1-\xi}\right) + \xi(\sin^2\beta + \pi - 2), & \text{GWM} \end{cases}$$

$$\tag{3-48}$$

通过 $K(\beta)$ 可描述入水砰击过程中水动压力的非线性项，相较于 Wagner 模型来说可以体现部分非线性因素，但并未完全考虑物面与自由表面边界条件的非线性项。尽管如此，该理论模型的解析计算方法的高精度与高效率在工程应用中仍具有较大优势，并且在相关规范中基于该理论模型进行校核。

根据物面砰击压力分布积分可得结构所受的砰击压力，但是需校核砰击压力非负性条件，即 $P(x,t) > 0$，对于斜升角为 β 的对称楔形体，令 $P[a(t),t] = 0$，区间 $-a(t) < x < a(t)$ 的砰击压力为正值，并令 ξ 为负压区域修正系数，即

$$\xi = a(t)/c(t) = \sqrt{1 - X^2} \tag{3-49}$$

因此，可得各模型下的分布区间，即

$$\begin{cases} X = \dfrac{\tan\beta}{\pi}, & \text{OLM} \\[3mm] X = \dfrac{\sin 2\beta}{\pi\left(1 + \sqrt{1 - 4\pi^{-2}\sin^4\beta}\right)}, & \text{MLM} \\[4mm] X = \dfrac{\sin 2\beta}{\pi\left[1 + \sqrt{1 - 4\pi^{-2}\sin^2\beta(\sin^2\beta + \pi - 2)}\right]}, & \text{GWM} \end{cases} \tag{3-50}$$

当斜升角 β 较大时，砰击压力为正值的区域与浸湿半宽区域相差 $c(t) - a(t)$ 亦较大，即相应的负压区域增大，为修正不合理的负压区域需采用式(3-50)修正剖面的浸湿区域和砰击压力分布值。由于 OLM 对砰击压力的求解忽略斜升角 β 的高阶项，在斜升角较大时，其相对误差较大影响精度，可知其对入水结构物斜升角的范围有所限制，即 $\beta < \arctan(\pi/2) \approx 57.5°$。另外，由 MLM 可知，斜升角在 $\beta < 72°$ 内可以得到合理的预报结果。

通过 OLM、MLM、GWM 解析法，对 $10° \sim 40°$ 斜升角楔形体匀速入水砰击

过程进行计算，沿物面的砰击压力分布如图 3-2 所示。横坐标为楔形体结构表面沿垂向方向无因次化量 r/Vt，纵坐标为楔形体剖面受到的无因次化砰击压力 $C_p = p/0.5\rho V^2$。在 10°和 20°斜升角情况下，三种模型计算所得的砰击压力分布曲线较接近，GWM 的砰击压力均值偏小，并且在砰击中心区域，即 $Y=0$ 处的砰击压力最小，但是 OLM 的砰击压力峰值偏低。随着斜升角 β 增大至 30°~40°时，三种模型计算所得的砰击压力分布的差别更为明显，特别是未考虑斜升角高阶项的 OLM 结果。其砰击压力峰值明显被低估，并且砰击压力在射流根部附近区域偏差更为明显，因此 OLM 由于未考虑斜升角 β 的高阶项并不适合较大斜升角。由于 GWM 将飞溅高度进行线性化处理并未充分考虑非线性因素，砰击压力均值显著偏低，并且随着斜升角的增加其偏差加剧。MLM 在非线性项中考虑速度势的高阶项，可以提高计算精度，扩展斜升角适用范围。

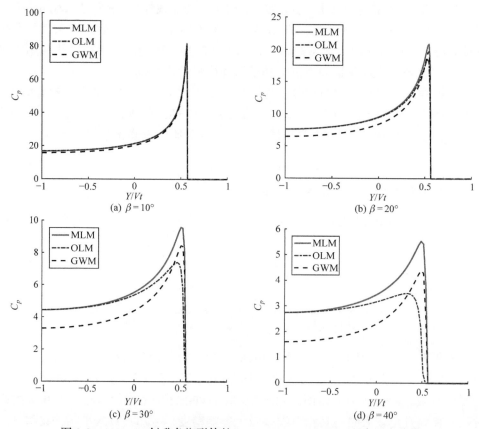

图 3-2　10°~40°斜升角楔形体的 MLM、OLM、GWM 砰击压力分布

　　40°斜升角的对称楔形体以 6.15m/s 匀速入水过程中，与底端垂向距离 10mm、30mm 位置处所作用的砰击压力时间历程计算结果如图 3-3 所示。在射流

与物面分离之前，MLM 与 OLM 解析结果偏差值随垂向距离的增加而扩大，但是 MLM 与 OLM 的解析结果在砰击入水后期的砰击压力值相同，而 GWM 计算中的砰击压力均值显著偏低。

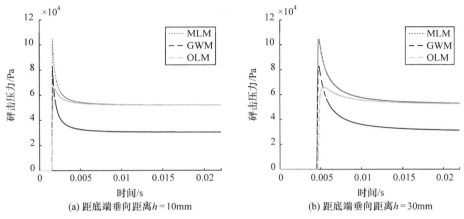

(a) 距底端垂向距离 $h=10$mm　　　　　　(b) 距底端垂向距离 $h=30$mm

图 3-3　40°斜升角楔形体不同位置处的砰击压力时域结果

针对砰击压力峰值系数，众多学者提出不同的假定和拟合曲线，以便工程应用。Ochi 等[51]通过保角变换法提出砰击压力峰值系数拟合关系式，即

$$C_{p\max}=\exp(1.377+2.419a_1-0.873a_3+9.624a_5) \tag{3-51}$$

其中，a_1、a_3、a_5 为结构剖面 1/10 吃水处的保角变换系数。

NSR 规范则基于 von Karman 理论确定砰击压力峰值系数，即

$$C_{p\max}=\begin{cases}\dfrac{\pi}{2\tan\beta}, & \beta\geqslant10° \\[2mm] 14[1-\tan(2\beta)], & \beta<10°\end{cases} \tag{3-52}$$

Stavovy 等[144]通过试验结果得到拟合关系，即

$$C_{p\max}=288k_1/\cos^4\xi(x,t),$$

$$k_1=\begin{cases}0.37\xi/2.2+0.5, & 0\leqslant\xi<2.2° \\[2mm] 2.1820894-0.9451815\xi+0.203754\xi^2 \\ \quad-0.0233896\xi^3+0.0013578\xi^4-0.00003132\xi^5, & 2.2°\leqslant\xi<11° \\[2mm] 4.748742-1.3450284\xi+0.1576516\xi^2 \\ \quad-0.0092976\xi^3+0.0002735\xi^4-0.00000319864\xi^5, & 11°\leqslant\xi<20° \\[2mm] (1+2.4674/\tan^2\xi)\times0.76856471/288, & 20°\leqslant\xi\end{cases} \tag{3-53}$$

其中，ξ 为有效砰击角。

根据上述方法，对不同斜升角的对称楔形体计算，相关结果如表 3-1 和图 3-4 所示。

表 3-1　不同评估方法所得砰击压力峰值系数

C_{pmax} 评估方法	β				
	15°	20°	30°	40°	45°
Stavovy&Chuang	27.29	19.34	11.48	10.05	10.66
Ochi&Motter	22.9	17.5	9.1	3.56	2.36
MLM	36.77	20.98	9.62	5.56	4.43
GWM	35.62	19.83	8.48	4.42	3.29
Wagner	35.37	19.63	8.40	4.50	3.47
NSR 规范	8.91	4.32	2.72	1.87	1.57
Ls-dyna	25.53	16.01	7.50	3.42	2.46
Faltinsen	30.99	17.20	6.74	3.19	—

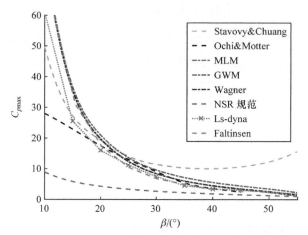

图 3-4　楔形体斜升角与砰击压力峰值系数变化规律

由此可见，在斜升角 β 较小时，基于 von Karman 的 NSR 规范与 Wagner 模型受适用角度的限制，并不能合理地反映砰击压力的量值水平。通过试验拟合方法的 Stavovy&Chuang 结果在斜升角 $\beta < 20°$ 时差异明显，主要来自液体压缩性和空气垫的影响。Faltinsen 基于 Wagner 模型采用的边界元法进行近似处理，因此两者的曲线较为接近。基于 ALE 流固耦合算法的 Ls-dyna 仿真计算结果相较于 MLM 和 GWM 理论解析结果的砰击压力分布特性类似，但是总体幅值偏低。通过分析可知，斜升角越小，砰击压力峰值越敏感，并且随着斜升角的减小，砰击压力峰值激增。斜升角从 20° 降至 15° 时，仿真计算所得的砰击压力峰值增大 1.59 倍。由于船型宽扁化特点，江海直达船相较于传统船型，物面斜升角更小，船首

底部砰击作用区域的斜升角低至 7°，因此需对宽扁型江海直达船的砰击压力载荷特性开展全面深入地研究，并对抗砰击结构的设计提供指导意见。

　2. 船体剖面解析解

　针对船体剖面形式砰击入水过程，本节基于改进的 Wagner 模型方法对沿船体剖面的砰击载荷分布形式建立解析表达式。因此，可针对宽扁型江海直达船船首底部砰击作用区域提出基于 MLM 解析解，其船体剖面的形状曲线可表示为二元函数多项式形式，即

$$f(x) = A_0 \frac{\pi}{2} x + A_1 x^2 \tag{3-54}$$

　根据式(3-14)可得系数 $\mu(c) = A_0 + A_1 c$，同时根据式(3-22)可得其浸湿半宽 $c(t)$，即

$$c(t) = -\frac{A_0}{A_1} + \frac{\left(A_0^2 + 2A_1 \int_0^t Vt\right)^{1/2}}{A_1} \tag{3-55}$$

　因此，基于 MLM，宽扁型江海直达船剖面作用的砰击压力分布为

$$P_{\mathrm{mlm}}(x,t)$$
$$= \rho \dot{h}^2(t) \left[\frac{V_0}{\dot{h}(A_0 + 2A_1 V_0 t)^{1/2}} \frac{c}{(c^2 - x^2)^{1/2}} - \frac{1}{2} \frac{c}{(c^2 - x^2)(1 + 4A_1^2 x^2)} - \frac{1}{2} \frac{4A_1^2 x^2}{1 + 4A_1^2 x^2} \right]$$
$$\tag{3-56}$$

　根据式(3-42)可得基于 GWM、OLM 的宽扁型江海直达船剖面作用的砰击压力分布，即

$$P_{\mathrm{gwm}}(x,t) = \rho \dot{h}^2(t) \left[\frac{V_0}{\dot{h}(A_0 + 2A_1 V_0 t)^{1/2}} \frac{c}{(c^2 - x^2)^{1/2}} - \frac{1}{2} \frac{c}{(c^2 - x^2)(1 + 4A_1^2 x^2)} \right.$$
$$\left. - \frac{1}{2} \frac{4A_1^2 x^2}{1 + 4A_1^2 x^2} + 1 - \frac{4 - \pi}{2(A_0 + 2A_1 V_0 t)^{1/2}} \right] \tag{3-57}$$

$$P_{\mathrm{olm}}(x,t) = \rho \dot{h}^2(t) \left[\frac{V_0}{\dot{h}(A_0 + 2A_1 V_0 t)^{1/2}} \frac{c}{(c^2 - x^2)^{1/2}} - \frac{1}{2} \frac{c}{c^2 - x^2} \right] \tag{3-58}$$

　采用上述宽扁型江海直达船剖面砰击载荷解析模型进行分析，对宽扁型江海直达船船首部底部砰击载荷作用区域进行拟合。宽扁型江海直达船剖面拟合曲线如图 3-5 所示。

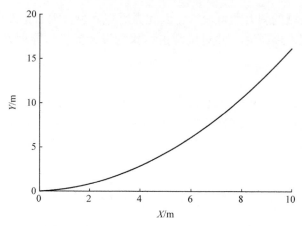

图 3-5　宽扁型江海直达船剖面拟合曲线

可见，靠近船中区域的斜升角较小，低至 7°。结合图 3-2 可知，较小斜升角物面处的砰击压力峰值较大不容忽视，因此需要对宽扁型船舶的砰击载荷特性开展研究，并确保其局部结构安全可靠性。宽扁船型剖面入水砰击压力的 MLM、OLM、GWM 解如图 3-6 所示。

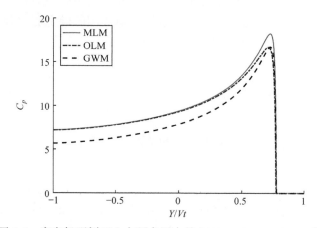

图 3-6　宽扁船型剖面入水砰击压力的 MLM、OLM、GWM 解

由于宽扁型剖面入水初始阶段的斜升角较小，三种模型解析结果变化趋势及砰击压力峰值作用的区域位置较为一致。但是，MLM 中砰击压力峰值系数即 $C_{p\max}$=18.26，而 OLM 与 GWM 计算结果中的 $C_{p\max}$ 分别为 16.71 与 16.75，可见 MLM 中 $C_{p\max}$ 相较 OLM 与 GWM 结果分别偏高 9.28% 与 9.01%。GWM 相较于另两种模型的砰击压力显著偏低，在物面底端位置处 C_p 仅为 5.67 偏低 21.03%。综合分析可知，宽扁型江海直达船舶砰击载荷作用区域的斜升角度较低且变化范围较大，而 MLM 适用于斜升角角度范围较大情况，因此 MLM 适用于宽扁型江

海直达船舶的砰击载荷特性评估。

宽扁型江海直达船舶剖面以 5m/s 匀速砰击入水时,距底端垂向距离为 30mm 和 40mm 位置处宽扁型江海直达船剖面不同位置处的砰击压力时域结果如图 3-7 所示。可见,三种模型的砰击压力时域结果变化趋势较为一致,但是 GWM 结果整体偏低。在达到砰击压力峰值后,GWM 结果中砰击峰值的持续时间较其他两种模型结果偏大。另外,GWM 结果中遭遇砰击压力的起始时刻稍滞后于其他另两种模型。综合来看,考虑边界条件中的非线性因素对宽扁型江海直达船型砰击载荷的影响因素较大,飞溅高度线性化处理将导致沿剖面砰击压力分布被低估,因此 MLM 的计算精度较高。

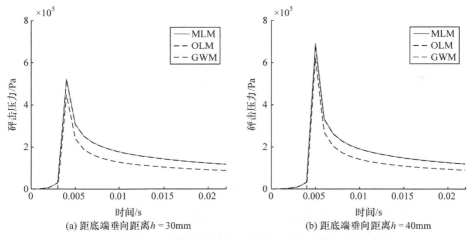

图 3-7　宽扁型江海直达船剖面不同位置处的砰击压力时域结果

3.3　砰击载荷数值仿真研究方法

相较于理论分析方法,数值仿真计算方法具有高精度的优势,可对复杂物面形状的结构物所受的砰击载荷进行研究。特别是,砰击此类自由液面较大变形的瞬态强非线性流固耦合问题。ALE 流固耦合算法、FEM-SPH 流固耦合算法在模拟砰击入水之类的问题具有精度高的优势,但是须对流固耦合模型和关键参数进行精细处理与探究。

3.3.1　任意拉格朗日-欧拉流固耦合算法

由于结构物砰击入水过程中伴随着流体大变形,以及大位移等特点,ALE 流固耦合算法可以在计算网格不发生畸变的情况下,有效地追踪物质结构的边界,对自由边界和运动边界进行求解,从而对物面所受的砰击压力进行预报。

1. 控制方程

ALE 控制方程同时包含拉格朗日方程和欧拉方程。拉格朗日方程主要描述结构，其网格随材料而移动，便于自由面地捕捉和边界条件的确定。欧拉方程中的网格则固定不动，材料在网格中流动，可以避免网格变形带来的计算问题。ALE 流固耦合算法主要通过在拉格朗日(材料域)和欧拉坐标系(空间域)上引入参考坐标系(参考域)实现。参考域在计算中始终保持与网格重合并作为计算域。参考域下材料的位移可以通过材料点在某时刻的位置与初始位置之差得到，而材料速度则是在材料坐标固定的情况下对材料位移求时间导数得到的，即

$$\frac{\partial f(X_i,t)}{\partial t} = \frac{\partial f(x_i,t)}{\partial t} - w_i \frac{\partial f(x_i,t)}{\partial x_i} \tag{3-59}$$

其中，X_i 为拉格朗日坐标；x_i 为欧拉坐标；w_i 为相对速度。

对于不可压缩流体的 N-S 方程的气液两相流，可在 ALE 流固耦合算法中引入参考坐标系描述控制方程。定义物质的速度 v 与网格速度 u，即相对速度 $w = v - u$。ALE 流固耦合算法中的质量守恒表达式，以及动量守恒表达式为

$$\frac{\partial \rho}{\partial t} = -\rho \frac{\partial v_i}{\partial x_i} - w_i \frac{\partial \rho}{\partial x_i} \tag{3-60}$$

$$\rho \frac{\partial v_i}{\partial t} = \sigma_{ij} + \rho b_i - \rho w_i \frac{\partial v_i}{\partial x_j} \tag{3-61}$$

其中，ρ 为流体密度；b_i 为作用于流体上的体积力；v_i 为欧拉坐标系下的速度；x_i 和 x_j 为不同方向欧拉坐标；σ_{ij} 为应力张量，即

$$\sigma_{ij} = -p\delta_{ij} + \mu(v_{i,j} + v_{j,i}) \tag{3-62}$$

其中，p 为压力；δ_{ij} 为 Kronecker 三角函数；μ 为流体的动力黏性系数；$v_{i,j} = \dfrac{\partial v_i}{\partial x_j}$；

$v_{j,i} = \dfrac{\partial v_j}{\partial x_i}$。

ALE 流固耦合算法中的能量守恒方程为

$$\rho \frac{\partial E}{\partial t} = \sigma_{ij} v_{i,j} + \rho b_i v_i - \rho w_j \frac{\partial E}{\partial x_j} \tag{3-63}$$

当参考域中拉格朗日结构网格速度 $u = 0$ 时，流体控制方程相当于欧拉算法下流体的控制方程。其中，与相对速度项相关的称为对流项，用于计算通过网格的物质量。这部分附加项也是数值求解 ALE 控制方程的一个难点。拉格朗日算法中的相对速度为零。

求解 ALE 控制方程有两种方式，一种是采用 CFD 针对全耦合方程求解，仅针对单元中存在单一物质。在计算过程中，网格随物质的运动而变化，质量守恒满足条件，其平衡方程为

$$\rho \frac{\partial v_i}{\partial t} = \sigma_{ij,j} + \rho b_i \tag{3-64}$$

$$\rho \frac{\partial E}{\partial t} = \sigma_{ij} v_{i,j} + \rho b_i v_i \tag{3-65}$$

另一种是算子分离法。每个时间步分解成拉格朗日阶段和对流运输阶段，须对穿过网格边界的质量输运、内能和动能等参量进行计算。这一过程可认为是将位移网格重新映射回初始位置或任意位置。

2. 数值计算方法

Ls-dyna 中的数值处理器采用中心差分法及时更新网格位置，欧拉算法要求有稳定的时间步长位 Δt。时间步长是单元特征长度 Δx、材料声速 c 和质点速度 u 的函数，即

$$\Delta t \leqslant \frac{\Delta x}{c + u} \tag{3-66}$$

固体介质中材料声速可表达为

$$c^2 = \frac{4G + 3k}{3\rho_0}$$
$$k = \rho_0 \frac{\partial p}{\partial \rho} + \frac{p \partial p}{\rho \partial e} \tag{3-67}$$

其中，G 为剪切模量；$p(\rho, e)$ 为压力状态方程；k 为体积弹性模量。

流体中的材料声速可表示

$$k = \rho_0 c^2 \tag{3-68}$$

按时间递增求解，第 n 次迭代步为

$$x^{n+1} = x^n + u^{n+1/2} \Delta t^n \tag{3-69}$$

$$u^{(n+1/2)} = u^{(n-1/2)} + \frac{1}{2} a^n (\Delta t^n + \Delta t^{n+1}) \tag{3-70}$$

其中，$a^n = F^n / M$，F^n 和 M 为节点总力和质量矩阵，且有

$$F^n = F_{\text{int}}^n + F_{\text{ext}}^n \tag{3-71}$$

$$F_{\text{int}}^n = \int x B^t \sigma^n \mathrm{d}x \tag{3-72}$$

其中，F_{int}^n 和 F_{ext}^n 为节点总力矢量和节点外力矢量；节点内力为应力 σ^n 的函数；节点外力 F_{ext}^n 包含体力、边界力、非反射边界条件和接触力。

如何决定节点运动方向是数值仿真计算中的关键环节，可采用不同的平滑算法来解决，包括等势法、简化均值法、Kikuchi 法和混合法。Ls-dyna 采用等势平滑算法，其稳定性较好。边界节点沿切向的运动采用二维等势平滑算法，并且边界节点在网格内部平滑后才进行移动。在三维曲线坐标系 $\xi=(\xi_1,\xi_2,\xi_3)$，拉格朗日方程为

$$\nabla^2\xi=0 \tag{3-73}$$

由此可得网格线的坐标 $x(\xi_i)$，$i=1,2,3$。由网格线坐标可转换成结构单元的坐标 $x=(x_1,x_2,x_3)$，从而得到结构单元。

ALE 流固耦合算法可采用二阶精度的 van Leer 对流法用于物质的输运计算。在质量对流中，各单元的欧拉密度可采用下式求解，即

$$\rho_e V_e = \rho_L V_L + \sum_{FACE} \rho_L^j \phi_j \tag{3-74}$$

其中，ρ_e 为欧拉单元密度；V_e 为欧拉单元体积；ρ_L 为拉格朗日单元密度；V_L 为拉格朗日单元体积；ρ_L^j 为邻接拉格朗日单元 j 的密度；ϕ_j 为流过邻接单元 j 的体积流量。

内能对流项用变量 s 表示，即 $s=E/V$。在对流模式动量对流项的计算中，动量经过单元对流直接由节点计算完成。计算步骤大致是，首先计算每一节点 x 向动量，构建交错网格使节点为单元中心；然后将体积流量从网格表面转移到交错网格，对交错网格进行动量对流计算。

3. 流固耦合算法

拉格朗日-欧拉罚函数流固耦合约束算法可实现结构物与流体的直接完全耦合，传递各个力学参数。通过运动约束、约束算法、分布参数，以及罚函数约束等，将结构物力学参量传递给流体单元。该方法在建立有限元分析的几何模型和网格划分时，结构和流体的几何模型、单元网格可以重叠，计算时通过添加约束的方法将流体和结构耦合起来，实现力学参数的传递。欧拉网格既可以随结构变形和移动，也可以以任意的方式运动。但是，该方法要求 ALE 耦合面上的欧拉节点和拉格朗日节点一一对应。这可以保证耦合计算中不出现网格交叉带来的单元边界实时计算和合并的问题，从而提高计算效率。

在砰击入水过程中，通过罚函数流固耦合检查各计算时间步下从节点对主物质的浸入深度，从属物质(流体节点)浸入结构网格(主物质网格)表面上时，耦合面处的耦合力 P 分布于流体节点上来满足结构的物面条件。耦合力、接触刚度，以

及浸入深度成正比，其耦合力表达式为

$$P = kd \tag{3-75}$$

其中，P 为耦合力；k 为接触刚度系数；d 为浸入深度。

由此可知，处理此类流固耦合问题的关键在于接触刚度系数的求解，基于显式罚函数接触算法计算单位面积下的接触刚度，即

$$k = p_f KA / V \tag{3-76}$$

其中，K 为包含从属物质节点的流体单元体积弹性模量；V 为主物质节点的单元体积；A 为接触耦合面的单元面积；合理地选择罚函数因子 p_f 可以避免出现数值不稳定性，以及液面渗漏现象。

4. 材料特性

船体结构入水砰击过程涉及结构、水与空气三种不同的介质。合理可靠的材料本构关系，以及材料属性是保证数值仿真可靠性的前提。其结构为拉格朗日单元，而流体介质则可模拟为多物质的欧拉单元，可同时存在空气与水这两种属性的流体介质。

Ls-dyna 中的结构材料库比较完善，可以通过将材料的状态方程、屈服模式、剪切模式、破坏模式、分离模式等组合成不同类型的材料本构关系。为了节约计算时间，对于不考虑结构响应的入水过程计算，可以将结构考虑为刚性材料，避免计算柔性单元的运动和内力的时间。结构物通过关键字*MAT_RIGID 描述，船体钢结构的密度为 7850kg/m³、弹性模量为 210GPa、泊松比为 0.3。对于塑性随动强化材料的弹性结构，可通过关键字*MAT_PLASTIC_KINEMATIC 定义，指定相应材料的密度 ρ、弹性模量 E、泊松比 γ、屈服极限和切线模量即可。

在 ALE 流固耦合计算中，流体填充在欧拉网格中实现其力学特性，允许欧拉网格同时填充多种性质的流体材料。流体材料的力学性能可以通过它们的状态方程来定义。仿真涉及的流体材料为水和空气，可采用关键字*MAT_NULL 描述流体状态方程，模拟流体介质，其中空气域采用线性多项式(polynomial)状态方程，而水域则适合 Gruneisen 状态方程。

1) 理想气体的状态方程

线性多项式状态方程中的气体满足 γ 定律状态方程，其压力值与体积的关系为

$$P = C_0 + C_1\mu + C_2\mu^2 + C_3\mu^3 + (C_4 + C_5\mu + C_6\mu^2)E$$
$$\mu = 1/V - 1 \tag{3-77}$$

其中，$C_0 \sim C_5$ 为常数，$C_4 = C_5 = \gamma - 1$，γ 为单位热值律；V 为相对体积；E 为初始单位体积内能。

2) 水的状态方程

根据材料的压缩或扩张状态，其 Gruneisen 状态方程具有不同的表达形式。压缩状态下的 Gruneisen 状态方程可以通过冲击速度定义，即

$$P = \frac{\rho_0 C^2 \mu \left[1 + \left(1 - \frac{\gamma_0}{2} \right) - \frac{a}{2} \mu^2 \right]}{\left[1 - (S_1 - 1)\mu - S_2 \frac{\mu^2}{\mu+1} - S_3 \frac{\mu^2}{(\mu+1)^2} \right]^2} + (\lambda_0 + a\mu)E \tag{3-78}$$

扩张状态下的材料状态方程为

$$P = \rho_0 C^2 \mu + (\gamma_0 + a\mu)E \tag{3-79}$$

其中，ρ_0 为流体密度；E 为流体的单位体积内能；γ_0 为 Gruneisen 常数。

令 S_1、S_2、S_3 与 α 是 v_s-v_p 曲线斜率的相关参数，v_s 为冲击波速度，v_p 为质点速度，C 为 v_s-v_p 曲线截距，λ_0 为 Gruneisen 参数，a 为一阶体积修正系数，体积变化率 $\mu = 1/V - 1$，欧拉域状态方程的材料参数如表 3-2 所示。

表 3-2 欧拉域状态方程中材料参数

参数	空气	水
ρ_0	1.2kg/cm³	1000kg/m³
C	340m/s	1480m/s
C_4	0.4	—
C_5	0.4	—
S_1	—	1.92
S_2	—	−0.096

3.3.2 无网格光滑粒子流体动力学仿真方法

虽然 ALE 兼具拉格朗日和欧拉两种方法的优点，但是该方法对模型精细程度，以及流固耦合关键参数的要求较严苛，对不规则模型只能划分为四面体网格。相较拉格朗日方法来说，计算效率较低且易出现欧拉网格节点溢出等问题。

SPH 方法通过将连续介质转换成一系列具质量、动量、能量粒子集合，求解离散计算域的数值方法。物体变形通过粒子运动体现而不依赖网格，在处理边界大变形问题上极具优势，可以避免有限元方法在自由液面大变形过程中的网格畸变等现象。在粒子数量满足要求的前提下，其物理过程可以精确地模拟，但是其对粒子数量和密度的要求较高，在大变形过程中易由粒子分布不均匀导致压力严重振荡。另外，计算耗时和成本也较高。

1. SPH 方法基本方程

SPH 方法通过核函数进行核近似。根据离散粒子位置计算梯度的相关项，粒子物理量的偏微分方程可通过核函数求导解析表示，从而在局部区域内进行积分插值将微分形式的守恒方程转化为积分方程形式，避免依赖网格求解微偏分的差分。基于函数积分插值近似，其核心是用核函数代替 Dirac 函数，得到函数 $f(x)$。空间 x 处的核近似为

$$f_I(x) = \int f(x')W(x-x',h)\mathrm{d}r \tag{3-80}$$

其中，x 为粒子的位置；$f_I(x)$ 为函数 $f(x)$ 在粒子 x 处的近似值；$W(x-x',h)$ 为粒子 x 处的核函数，h 为核函数的支持域，也称光滑长度，x' 为支持域内的粒子。

SPH 方法支持域示意图如图 3-8 所示。

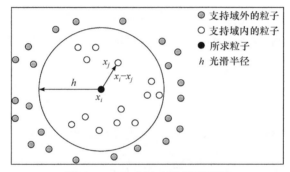

图 3-8 SPH 方法支持域示意图

所有域内被划分为 N 个粒子单元，每个粒子均具有独立的物理量，如压力、密度、质量等。流场内的连续积分表达式可转化为域内粒子叠加求和的离散化形式，因此函数及其导数的粒子近似表达式为

$$f(x) = \sum_{i=1}^{N} m_i \frac{f(x_i)}{\rho_i} W(|x-x_i|, h) \tag{3-81}$$

$$\nabla f(x) = \sum_{i=1}^{N} m_i \frac{f(x_i)}{\rho_i} \nabla W(|x-x_i|, h) \tag{3-82}$$

其中，m_i 为粒子 i 的质量；ρ_i 为粒子 i 的密度。

由于核函数决定了函数近似表达形式，因此须保障核函数与粒子近似的一致性和精度。核函数须满足正则化条件、紧支性、Dirac 函数条件等。

(1) 域内非负性。避免出现非物理解 $W(x-x',h) > 0$。

(2) 正则化条件。确保核函数在支持域内的积分是归一的，即 $\int W(x-x',h)\mathrm{d}r = 1$。

(3) 紧支性条件。计算紧支域范围由支持域 h 和比例因子 k 确定，即 $W(x-x',h)=0, |x-x'|>kh$。

(4) 收敛于 Dirac 函数。$\lim\limits_{h\to 0} W(x-x',h)\mathrm{d}r = \delta(x-x')$。

(5) 偶函数性质。使距离中心质点距离相同的两个质点对中心质点的影响相同。

(6) 单调递减性。粒子距离越远其相互影响作用亦越小，$\nabla W(|r-r_i|,h)\leqslant 0$。

常用的核函数有 B-spline 核函数、高斯核函数、指数函数，以及二次核函数等。其中，B-spline 核函数被广泛引用，即

$$W(u,h)=\frac{1}{\overline{N}}\begin{cases} 1-\dfrac{3}{2}u^2+\dfrac{3}{4}u^3, & |u|\leqslant 1 \\[2mm] \dfrac{1}{4}(2-u)^3, & 1\leqslant |u|\leqslant 2 \\[2mm] 0, & 2\leqslant |u| \end{cases} \tag{3-83}$$

其中，$u=|x_i-x_j|/h_{ij}$，$h_{ij}=0.5(h_i+h_j)$ 为对称支持域，一维、二维、三维尺度对应的 $\overline{N}$ 分别为 $1.5h_{ij}$、$0.7\pi h_{ij}^2$、πh_{ij}^3。

2. 控制方程

根据拉格朗日条件下的 N-S 方程，其连续性方程形式为

$$\frac{D\rho}{Dt}=-\rho\nabla\cdot u \tag{3-84}$$

通过求解 SPH 方法形式的连续性方程可得其密度，即

$$\frac{\mathrm{d}\rho_i}{\mathrm{d}t}=\rho_i\sum_{j=1}^{N}\frac{m_j}{\rho_i}(v_j-v_i)\frac{\partial W_{ij}}{\partial x_{ki}} \tag{3-85}$$

$$W_{ij}=W(x_i-x_j,h) \tag{3-86}$$

其中，i 和 j 表示第 i 个和第 j 个粒子。

在边界外部区域，由于没有质点，通过式(3-82)容易出现局限性，产生边缘效应，得到错误的密度，导致计算结果不符合物理过程。考虑相邻质点的相对速度，通过连续性方程求解可以避免其局限性，得到精确的密度结果，并在计算自身光滑函数时避免计算各粒子密度，提高计算效率。

理想流体的运动方程基于欧拉运动方程，类似于连续方程 SPH 方法形式的表达式。动量守恒与能量守恒方程的 SPH 方法形式为

$$\frac{\mathrm{d}v^{\alpha}(x_i(t))}{\mathrm{d}t} = \sum_{j=1}^{N} m_j \left(\frac{\sigma^{\alpha,\beta}(x_i)}{\rho_i^2} + \frac{\sigma^{\alpha,\beta}(x_j)}{\rho_j^2} \right) \frac{\partial W_{ij}}{\partial x} \tag{3-87}$$

$$\frac{\mathrm{d}E_i}{\mathrm{d}t}(x_i) = \frac{P_{ij}}{\rho_i^2} \sum_{j=1}^{N} m_j (v(x_j) - v(x_i)) \frac{\partial W_{ij}}{\partial x} \tag{3-88}$$

其中，σ 为粒子的应力张量。

3. 流固耦合算法

在入水砰击过程中，采用 SPH 方法模拟流体物质，可以较好地模拟瞬态冲击大变形及高应变率问题，但是其耗时较长计算成本较高。有限元在处理连续介质力学上具有较高的准确性和效率，节省运算成本，因此针对入水结构物采用有限元方法建模，而大变形的流体单元则采用 SPH 粒子单元，通过点面接触算法进行流固耦合，结合两种数值计算方法的优势，提高计算精度和计算效率。在模拟结构入水砰击的过程中，FEM-SPH 流固耦合算法流程图如图 3-9 所示。

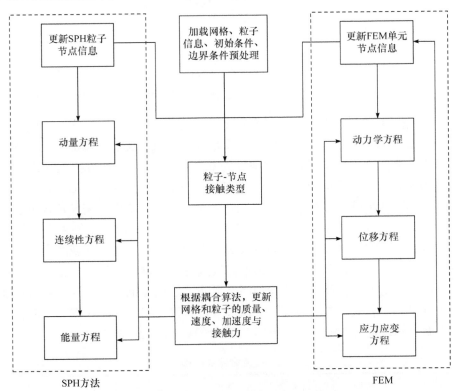

图 3-9　FEM-SPH 流固耦合算法流程图

3.4　二维楔形体入水砰击仿真分析

3.4.1　基于 ALE 流固耦合算法的二维楔形体入水分析

1. 楔形体计算模型

采用 Ls-dyna 对二维刚性楔形体入水砰击过程进行流固耦合仿真分析，模型尺寸与 MARINTEK 楔形体试验模型尺寸一致。MARINTEK 楔形体剖面形状及压力传感器测点示意图如图 3-10 所示。

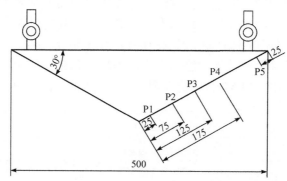

图 3-10　MARINTEK 楔形体剖面形状及压力传感器测点示意图(单位：mm)

30°斜升角楔形体模型长 1m、宽 0.5m，质量为 241kg，测量段位于中部 0.2m 处模拟二维结构入水过程，试验段压载质量为 14.5kg。模型于水面上 2m 高度处以自由落体方式入水，实测入水初速度为 6.15m/s，楔形体计算模型网格划分示意图如图 3-11 所示，约束楔形体结构的 Z 轴方向位移使其仅在 XOY 平面内二维运动。在对称面处建立对称边界条件，则仅可建立一半结构模型及流体域，可显著降低运算时间及成本。在流体域的边界处设置无反射边界条件来实现无界流域以消除边界影响。欧拉域上部为空气域，下部为水域，各流体域的模型尺寸如表 3-3 所示。考虑计算效率，将离楔形体较远的欧拉域设置为渐变型网格，靠近楔形体砰击作用区域设置为密集均匀网格形式，可在保证仿真结果精度的基础上减少仿真时间，降低成本。为便于对结果分析研究，将楔形体底部尖端接触自由液体表面时刻设置为 0.0s。整个仿真 CPU 计算时间为 2h23min。

表 3-3　各流体域的模型尺寸

模型尺寸	L1	L2	L3	L4	L5	L6
长度/m	0.3	0.9	0.2	0.4	1.25	0.5

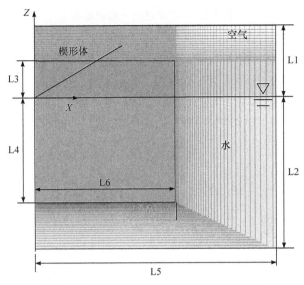

图 3-11　楔形体计算模型网格划分示意图

2. 网格尺寸

由于 ALE 流固耦合算法的计算结果精度受模型精细化程度，以及关键参数等因素的影响，精细网格模型会造成计算量过大而影响计算效率，过大的网格尺寸模型不但不能模拟流体溅射，以及自由液面变化的非线性过程，而且会显著降低其计算精度。因此，在各结构物入水砰击仿真研究中，确定合理的网格尺寸是保证数值模拟结果可靠性、有效性、高精度的前提。

对网格尺寸为 2.5mm 和 2mm 的 30°楔形体剖面进行数值仿真计算并开展参数分析，不同网格尺寸模型的详细信息如表 3-4 所示。对比不同网格尺寸楔形体模型的仿真结果并与试验测量值进行对比分析，砰击力时间历程如图 3-12 所示。入水过程中结构物的入水速度如图 3-13 所示。由图可见，这两种网格尺寸的仿真结果与试验数据较为接近，有较好的一致性，射流与物面分离后，剖面所受的砰击力迅速下降。其砰击力峰值持续时间较试验结果稍短。当模型尺寸为 2.5mm 时，入水的初始阶段具有一定的高频振荡。当模型尺寸为 2mm 时，仿真计算耗时则大幅增加。除此之外，两种网格尺寸模型中结构物的垂向速度相差较小，并在入水初始阶段的仿真砰击力偏大于试验值，使其入水速度仿真值偏低，在射流与物面分离后，随着砰击力的回落，结构物瞬时速度的仿真值大于试验结果。因此，模型网格尺寸对结构物所受的砰击力及相对运动状态均具有较大的影响。

表 3-4　不同网格尺寸模型信息

参数	模型 A	模型 B
网格尺寸	2.5mm	2mm
单元数量	46509	117566
计算时长	2h41min	4h25min

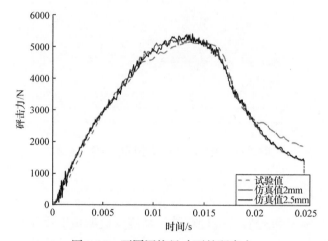

图 3-12　不同网格尺寸下的砰击力

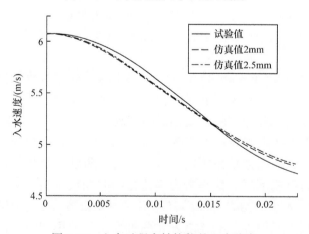

图 3-13　入水过程中结构物的入水速度

3. 接触刚度参数

在 ALE 瞬态冲击流固耦合算法中,接触刚度是十分重要的参数。过小的接触刚度易导致耦合力不足而出现渗漏现象,如图 3-14 所示。液体渗漏到结构物内部并不满足物面边界条件。过大的接触刚度会造成拉格朗日结构单元过度刚化，导致流体不连续等不稳定现象。

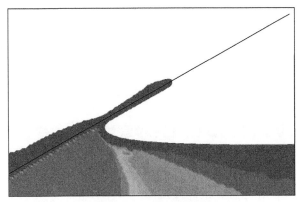

图 3-14 流体渗漏现象

针对罚函数耦合约束方法中的砰击力进行接触刚度参数分析，需要合理地选择罚函数刚度系数，使仿真结果稳定且液体无穿透渗漏。$p_f = 0.01$、0.1、0.6 时，楔形体结构所受砰击力如图 3-15 所示。

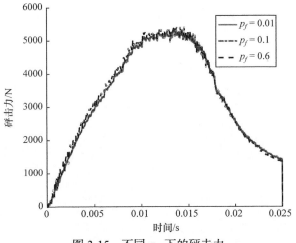

图 3-15 不同 p_f 下的砰击力

由此可见，在不同接触刚度情况下，砰击力曲线变化趋势基本一致，在入水中后期阶段，不同接触刚度下的结果差别较小。当 $p_f = 0.6$ 时，早期的砰击力偏高且局部振荡幅值大，耦合面处存在结构物钢化，以及射流不连续现象。在 $p_f = 0.01$ 时，有流体渗漏现象，并不符合实际物面不可穿透的物理现象。在后续计算中需采用恰好不发生液体渗漏的接触刚度参数，即 $p_f = 0.1$。其曲线光顺，可合理有效地评估结构物砰击力的时间历程。

3.4.2　基于 FEM-SPH 的二维楔形体入水分析

本节采用 FEM-SPH 流固耦合算法，对 MARINTEK 二维楔形体砰击试验模型进行建模并求解。FEM-SPH 计算模型示意图如图 3-16 所示。该流固耦合数值仿真方法基于以下假定。

(1) 流体粒子为无旋无黏的不可压缩理想流体，初始自由液面为静止自由状态。

(2) 模型并未考虑空气的影响，也未考虑空气垫、空泡等影响。

(3) 入水结构物在纵向尺度上默认为无限长尺寸，可以避免三维边界条件的影响。

在 $X = 0$ 处建立对称边界条件仅需建立一半模型。楔形体结构采用拉格朗日有限元单元，流体域采用光滑无网格粒子法进行模拟，楔形体结构有限元单元与水域 SPH 粒子通过关键字*CONTACT_AUTOMATIC_NODE TO SURFACE 进行流固耦合。水域底部及边界处均采用无反射边界条件消除应力波反射的影响来满足无穷远边界条件。水域横向宽度为 1m，垂向水深为 0.6m。流体域内有 300000 个粒子，其间距为 2mm，初始光滑长度为 $1.2h_0$，最小和最大支持域分别为 1.2 与 2 倍的光滑长度。整个仿真计算过程用时 33h15min。

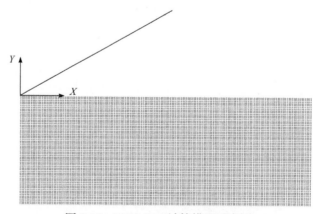

图 3-16　FEM-SPH 计算模型示意图

3.4.3　结构砰击力

分别采用 ALE 与 FEM-SPH 对二维楔形体刚体入水的砰击过程进行数值仿真分析，并与试验测试结果进行对比研究。楔形体所受砰击力时域结果如图 3-17 所示。两种数值仿真预报结果可与试验曲线达到较一致的变化趋势，砰击力曲线振荡剧烈。在入水砰击初期阶段，相较于试验值，两种数值仿真砰击力均稍许偏高，

在 t=0.0102s 达到入水中期阶段，其数值仿真砰击力相较于试验测试值偏高，在 t=0.0164s 进入砰击后期，结构物受到的砰击力迅速下降。数值预报与试验结果间的偏差主要源于试验中的三维效应，二维数值仿真中在 Z 方向限制了流体运动，流体仅在 XY 平面内运动。因此，在射流分离之前，仿真方法稍高于试验值。在数值仿真中，流体模型是无旋无黏的不可压缩理想流体，未考虑空泡的影响，这也是入水砰击后期砰击力偏差因素之一。

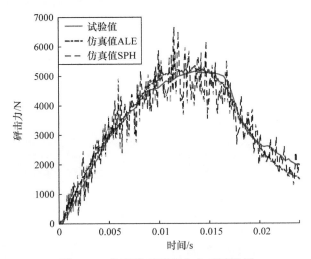

图 3-17　楔形体所受砰击力时域结果

3.4.4　砰击压力分布及自由液面

在 ALE 与 FEM-SPH 仿真研究中，各时刻自由液面及压力云图如图 3-18 和图 3-19 所示。两种数值仿真结果中的自由液面形状较为一致，有明显的射流现象，并且流场压力分布云图也较为接近。在 FEM-SP 中，射流末端的粒子离散性更为显著。由此可见，在沿物面射流分离之前，砰击压力峰值作用位置接近射流飞溅的根部。当射流分离后，砰击压力迅速降低且量值较小。这也是上述 OLM、MLM、GWM 理论解析方法将射流部分压力忽略的原因。

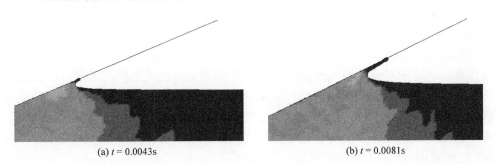

(a) t = 0.0043s　　　　　　　　　　　(b) t = 0.0081s

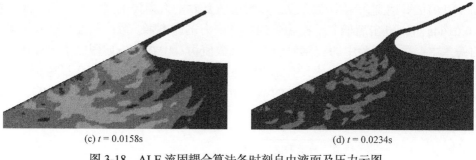

(c) $t = 0.0158$s　　　　　　　　　(d) $t = 0.0234$s

图 3-18　ALE 流固耦合算法各时刻自由液面及压力云图

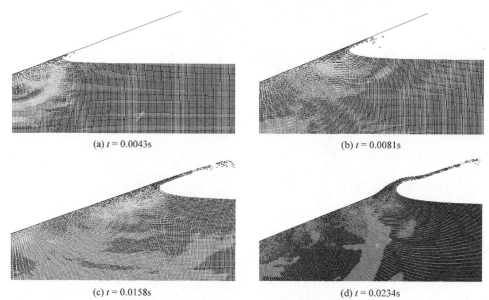

(a) $t = 0.0043$s　　　　　　　　　(b) $t = 0.0081$s

(c) $t = 0.0158$s　　　　　　　　　(d) $t = 0.0234$s

图 3-19　FEM-SPH 各时刻自由液面及压力云图

各瞬态时刻下,沿楔形体物面分布的无因次化砰击压力系数分析结果如图 3-20 所示。图中纵坐标为无因次化砰击压力系数 C_p,横坐标为无因次化垂向相对位置 Y/Vt,Y 为楔形体物面各处垂向坐标,Y_0 为楔形体对称轴底端垂向坐标,Y_d 为楔形体垂向高度,$Y/Vt = -1$ 表示楔形体底端顶点位置,$Y/Vt = 0$ 表示楔形体与静水面的接触点处。

由此可见,各研究方法所得的结果趋势较为一致,但是 MLM、OLM、GWM 理论解析计算中对水动力高阶项的近似,并未考虑射流的非线性因素,以及流场三维效应,导致理论模型解析计算结果总体过高估计物面各处砰击压力,并且各理论解析法中的砰击压力峰值作用的位置相对偏高。随着结构入水深入,结构所受砰击载荷的差异导致结构物运动过程中相对速度的偏差,导致砰击入水后期阶段中的砰击压力分布差异明显。

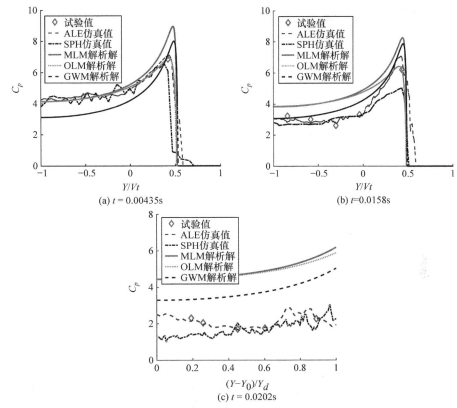

(a) t = 0.00435s　　　　(b) t=0.0158s

(c) t = 0.0202s

图 3-20　各时刻下无因次化砰击压力系数分布

　　ALE 与 FEM-SPH 数值仿真计算结果总体与试验结果较为吻合，但是个别点处有稍许偏差。FEM-SPH 沿物面砰击压力分布离散化程度较高。在 t=0.00435s 时刻，即砰击入水初始阶段，ALE 计算结果中的砰击压力峰值及其所在位置均偏低，模型网格尺寸、流体域边界尺度，以及仿真参数易导致其偏差。在 FEM-SPH 中，由于粒子离散性属性，沿物面砰击压力分布振荡更为明显，后续考虑通过增大粒子数量，以及改进物面粒子分布方式改善其结果精度，但是计算耗时随之大幅增加。在 t=0.0158s 时刻即入水砰击中期阶段，沿物面射流开始分离，ALE 仿真曲线与试验值较为吻合。在 FEM-SPH 仿真结果中，物面砰击压力显著偏低，特别是在射流根部附近，砰击压力峰值被低估。在 t=0.0202s 时，即砰击入水后期阶段，结构物已完全浸没入水，沿物面的砰击压力分布呈均布状态，ALE 仿真曲线较为吻合，但是 FEM-SPH 中砰击压力在物面底部偏低，可通过局部流场加密技术对楔形体入水的计算精度进行改进，并保证飞溅射流的连续性。

3.4.5 砰击压力时域特性

P1~P5 处砰击压力时域结果如图 3-21 所示。由此可见，两种数值仿真计算结果总体上与试验测试值一致，底部区域处峰值明显且作用时间较短，而随着物面垂向位置增加，其峰值作用时间显著增加。FEM-SPH 中 P5 处砰击压力被显著

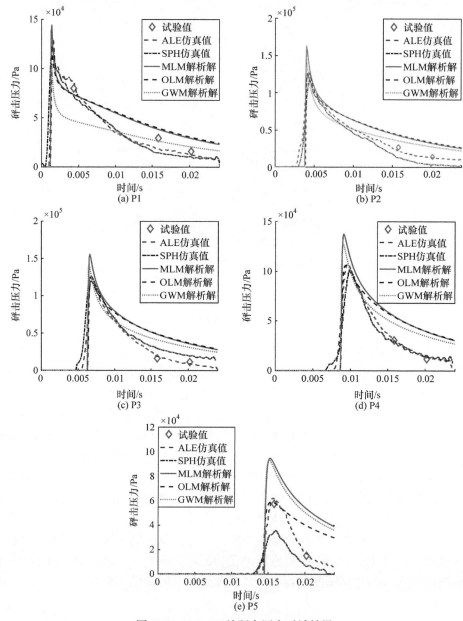

图 3-21　P1~P5 处砰击压力时域结果

低估，主要是流体大变形使粒子支持域内粒子数量显著减少导致的。在三种理论模型解析结果中，楔形体底部结果与试验测试值可较好地吻合，而在楔形体顶部区域附近的峰值间差异则较底部更为明显。这主要是由于理论解析方法中并未考虑射流等非线性影响，并且对水动力载荷高阶项的近似处理使入水砰击中后期阶段被过高估计。除此之外，结构所受砰击载荷的差异导致后期阶段相对速度偏差增加，这也是导致偏差的一个原因。

3.5　三维弹性楔形体入水砰击仿真分析

3.5.1　计算模型

楔形体入水结构理论模型示意图如图 3-22 所示。假设流场为无限深广，空气域为 Ω_{air}，水域为 Ω_{fluid}，边界用 Γ 表示，楔形体结构以速度 V 入水，结构和流场关于 Z 轴对称，边界条件和初始条件也具有对称性。图中，W_{fluid} 为水流场的宽度，H_i 为高速模型结构距静止液面的初始高度。流场边界由物面、自由液面和无穷远处边界组成，即 $\Gamma = \Gamma_s + \Gamma_f + \Gamma_\infty$，其中 Γ_s 为物面边界、Γ_f 为自由液面边界、Γ_∞ 为流场的无穷远边界。

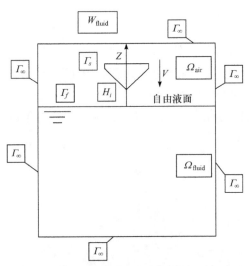

图 3-22　楔形体入水结构理论模型示意图

楔形体入水有限元模型如图 3-23 所示。楔形体结构采用拉格朗日单元模拟，包括板、肋骨、纵骨单元，流体部分(空气与水)采用欧拉单元模拟。基于 ALE 流固耦合算法，采用罚函数流固耦合算法对结构物入水砰击过程进行模拟，可以得到各时刻的结构砰击载荷及结构动态响应。

图 3-23　楔形体入水有限元模型

3.5.2　砰击压力

本节分别对不同刚度的三维弹性楔形体结构模型 WA 和 WB 的入水砰击过程进行数值仿真研究。考虑重力因素,结构模型以一定的初速度冲击自由液面,使楔形体底部触水时刻的瞬时速度与模型试验各工况的入水速度一致,模拟楔形体在不同速度下入水的砰击过程,明确三维弹性楔形体结构所受砰击压力、结构响应及其物面分布特性。

1. 砰击压力峰值及持续时间

0.5m 落高工况下弹性楔形体模型以 3.08m/s 的速度冲击静水面,三维弹性楔形体 WB 模型 P2 处砰击压力时间历程如图 3-24 所示。由此可知,数值仿真与模型试验测试结果中的砰击压力峰值吻合得较好,时间历程趋势也较为一致。在数值仿真结果中,砰击压力存在较大的震荡,砰击压力峰值脉冲持续时间也低于试

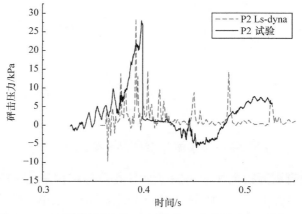

图 3-24　三维弹性楔形体 WB 模型 P2 处砰击压力时间历程

验结果。其偏差主要源于模型试验中焊接加工的影响，模型刚度较仿真模型小，同时忽略黏性的影响。

2. 砰击压力物面分布

落高为 0.5m 时，楔形体模型以 3.08m/s 速度冲击静水面时，三维弹性楔形体 WB 模型垂向砰击压力时间历程如图 3-25 所示。由此可知，随着楔形体不断入水冲击，沿宽度方向上的 P2、P5、P6 测点先后达到砰击压力峰值，靠近底部龙骨附近 P2 处的砰击压力峰值最大。但是，除了最大砰击压力峰值吻合较好，其他位置的砰击压力峰值都略小于试验值。

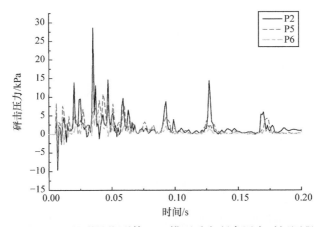

图 3-25　三维弹性楔形体 WB 模型垂向砰击压力时间历程

楔形体模型以 3.08m/s 的速度冲击水面时，三维弹性楔形体 WB 模型纵向砰击压力时间历程如图 3-26 所示。由此可知，楔形体模型沿长度方向的砰击压力规

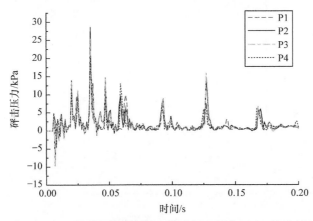

图 3-26　三维弹性楔形体 WB 模型纵向砰击压力时间历程

律与第 2 章试验结论也是基本吻合的。尤其是，砰击压力峰值的发生时间和幅值大小基本一致，整个楔形体长度方向压力峰值分布较为均匀、对称。

3.5.3 结构刚度对砰击压力的影响

本节分别对三维弹性楔形体模型 WA 和 WB 在不同入水速度下的砰击过程进行数值仿真研究，以探究结构刚度对砰击压力峰值及其持续时间的影响。在不同入水速度下，模型 WA 和 WB 的砰击压力峰值及其持续时间如图 3-27 和图 3-28 所示。其中，WA 模型的横向刚度是 WB 模型的 3 倍。由此可知，随着入水速度增大，砰击压力随之增大，并且砰击压力的增大与入水速度的二次方成正比，各入

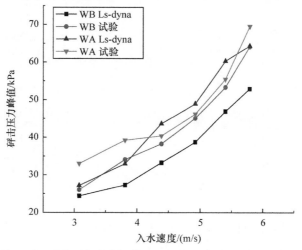

图 3-27　不同入水速度下模型 WA 与 WB 的砰击压力峰值

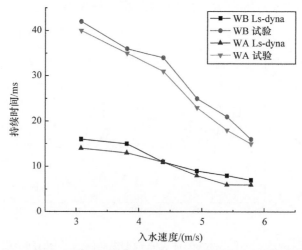

图 3-28　不同入水速度下模型 WA 与 WB 的砰击压力峰值持续时间

水速度下的仿真结果和试验结果较为一致。同时，在相同入水速度情况下，刚度较小的 WB 模型砰击压力峰值较小且持续时间较长。由上述三维弹性楔形体结构入水砰击仿真分析结果可得较为准确的砰击压力峰值和偏小的砰击压力持续时间。

3.5.4　砰击载荷作用下局部结构响应分析

在瞬态砰击脉冲作用下，楔形体结构会产生较大的结构响应。本节对三维弹性楔形体结构 WB 模型，在不同入水速度下的砰击过程进行数值仿真，得到楔形体不同构件的结构响应峰值及分布规律，如外板、肋骨、纵骨的应力峰值及分布等。三维弹性楔形体 WB 有限元模型如图 3-29 所示。模型结构均为线弹塑性材料。

图 3-29　三维弹性楔形体 WB 有限元模型

通过对楔形体不同入水速度下的砰击过程仿真，可以得到楔形体外板、肋骨、纵骨的结构响应。仿真结果与试验结果基本吻合。

1. 外板结构响应

楔形体外板沿纵向分布的应力时间历程曲线如图 3-30 所示，测点布置如图 2-5所示。由此可知，外板结构响应沿纵向分布较为均匀，同一高度(宽度)不同纵向位置的测点，即 S21～S30 在相同时刻达到应力峰值，并且应力幅值也基本相同。尽管数值仿真结果中存在较为明显的震荡，但是应力峰值及其分布规律与试验结果较为一致。楔形体外板沿横向测点的应力时间历程曲线如图 3-31 所示。数值结果和试验结果都表明，靠近龙骨的板格最先触水发生局部振动，随着楔形体继续浸没水中，沿半宽方向上的板格逐渐产生振动响应，靠近底部龙骨距离越近，板格应力水平越大。

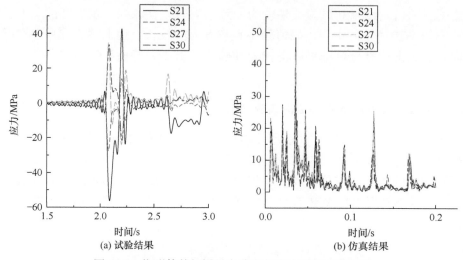

图 3-30　楔形体外板沿纵向分布的应力时间历程曲线

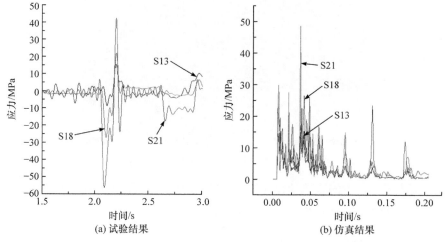

图 3-31　楔形体外板沿横向测点的应力时间历程曲线

2. 肋骨结构响应

在弹性楔形体内部横向肋骨区域，肋骨上沿半宽方向测点的应力时间历程曲线如图 3-32 所示。与外板板格应力沿宽度方向分布略有不同，其最大结构响应出现在板格半宽中心处，与试验结果一致。这主要源于肋骨两端分别为刚性面板和刚度较大的龙骨，肋骨中心处刚度最小、应力最大。

3. 纵骨结构响应

楔形体纵骨沿纵向和横向测点的应力时间历程曲线如图 3-33 和图 3-34 所示。

由此可知，其应力峰值和分布规律与外板类似，即沿纵向分布较为均匀，半宽方向上靠近龙骨的位置应力较大。

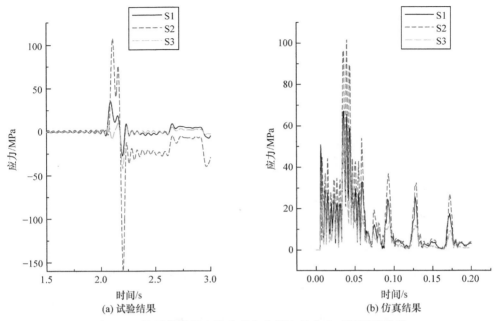

图 3-32　楔形体肋骨上沿半宽方向测点的应力时间历程曲线

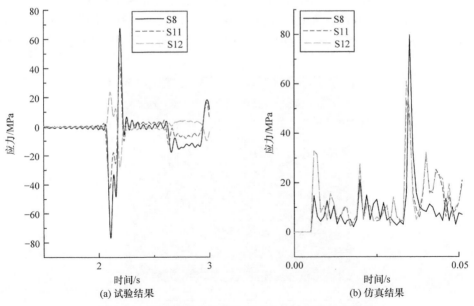

图 3-33　楔形体纵骨沿纵向测点的应力时间历程曲线

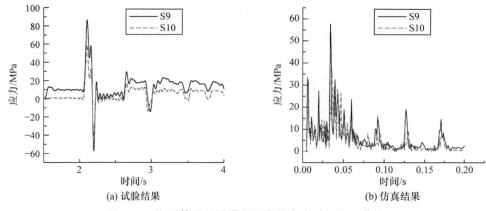

(a) 试验结果　　　　　　　　　　　　　(b) 仿真结果

图 3-34　楔形体纵骨沿横向测点的应力时间历程曲线

3.6　江海直达船二维艏部剖面入水砰击数值仿真分析

3.6.1　基于 ALE 流固耦合算法的二维船体剖面入水仿真计算

以宽扁型江海直达船 FR175 肋位剖面为研究对象,开展二维宽扁型江海直达船剖面入水砰击 ALE 流固耦合仿真算法研究,探究二维宽扁型船体剖面的砰击载荷特性,对后续入水砰击的三维效应进行对比分析。

如图 3-35 所示,针对宽扁型江海直达船首建立二维船体剖面计算模型。1:40 缩尺比的剖面模型水域宽 $L5 = 1.5m$、深 $L2 = 1.3m$,空气域深度为 $L1 = 0.7m$,其网格加密区为 $(L3 + L4) \times L6 = (0.4m + 0.5m) \times 0.75m$。合理选择流体域计算区域

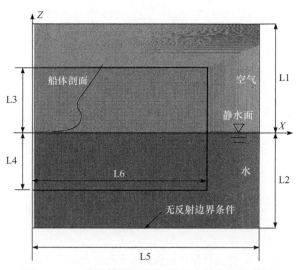

图 3-35　二维船体剖面空气域及水域的网格模型

可在保证精度的前提下提高计算效率。在船中剖面处建立对称边界条件，则仅须建立一半模型，在 Y 方向上设置一个单元长度，并于流体边界处设置无反射边界条件。尽管船体剖面计算模型与楔形体计算模型类似，但是由于船型曲线的复杂性，其仿真参数研究较为复杂。结合网格参数分析，采用的拉格朗日模型尺寸为 2mm，即 0.0032B，其中 B 为船体剖面型宽，计算模型共 438964 个单元。默认结构接触自由液面时为 0.0 s，仿真计算耗时 8h40min。

3.6.2 基于 FEM-SPH 的二维船体剖面入水仿真计算

采用 FEM-SPH 对宽扁型江海直达船 FR175 二维剖面入水砰击载荷开展研究，对结构剖面及流域建立对称边界条件仅需建立一半模型，流体底面及边界处均采用无反射边界条件消除应力波反射的影响作用。如图 3-36 所示，船体结构模型为拉格朗日有限元，网格尺寸为 2mm，共有 264 个单元；水域采用无网格光滑流体粒子进行建模，其横向宽度为 1.5m，垂向水深为 1.3m。粒子间距为 2mm，流体域内有 1365000 个粒子，最小和最大支持域为 1.2 和 2 倍的光滑长度，计算耗时长达 35h22min。

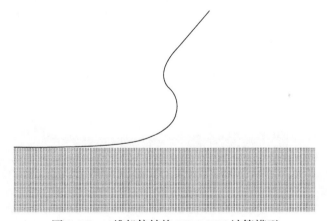

图 3-36　二维船体结构 FEM-SPH 计算模型

3.6.3 结构砰击力

分别采用 ALE 与 FEM-SPH 对二维宽扁型船体剖面入水过程中的结构砰击载荷进行对比分析，以 4m/s 入水速度下的结构砰击力时域历程如图 3-37 所示。可见，两种数值计算方法总体变化趋势一致，但是 FEM-SPH 仿真曲线更为振荡。其砰击力主峰值显著偏高 30.15%，并且砰击力振荡更为显著。这主要是砰击过程中液面大变形使粒子分布不均，局部作用区域的粒子过少，后续可考虑对沿物面分布粒子排列方式，以及局部流场进行加密来提高精度。

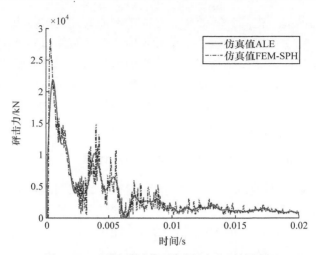

图 3-37　二维船体剖面所受砰击力时域历程

3.6.4　砰击压力分布及自由液面

　　基于 ALE 和 FEM-SPH 对宽扁型江海直达船二维剖面入水砰击过程进行模拟。二维船体剖面在 ALE 和 FEM-SPH 中的自由液面与压力云图如图 3-38 和图 3-39 所示。

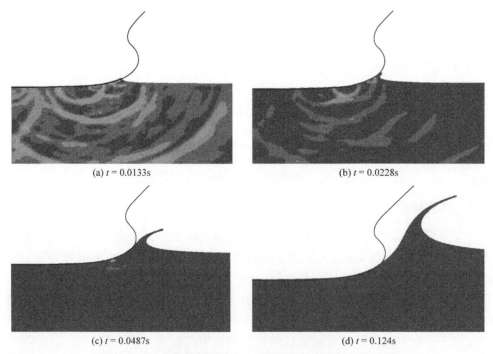

(a) $t = 0.0133$s

(b) $t = 0.0228$s

(c) $t = 0.0487$s

(d) $t = 0.124$s

图 3-38　二维船体剖面在 ALE 中的自由液面与压力云图

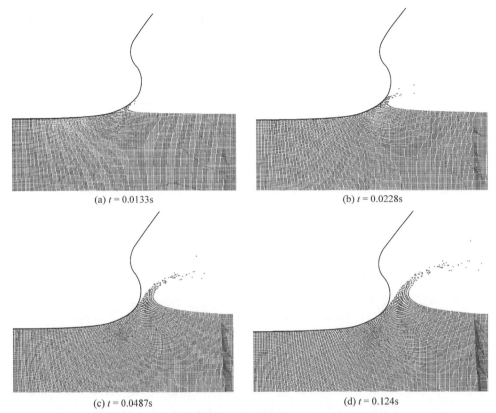

(a) $t = 0.0133s$　　　　　　　　　　　　　　　(b) $t = 0.0228s$

(c) $t = 0.0487s$　　　　　　　　　　　　　　　(d) $t = 0.124s$

图 3-39　二维船体剖面在 FEM-SPH 中的自由液面与压力云图

可见，两种流固耦合仿真方法均能较好地模拟自由液面变化，在砰击初期阶段 $t=0.0133s$ 时，砰击压力峰值集中于舭部区域，并向舷侧射流根部移动，随着结构物浸入深度增加，流场压力迅速减小。在 FEM-SPH 中，粒子特性可较好地模拟自由液面变化及射流溅射的过程。随着结构物砰击入水深入，射流瞬间飞溅过程使射流末端处变形剧烈，并且存在粒子不连续性现象，支持域内的粒子数量较少，使自由液面变化过程和沿物面粒子的分布情况存在偏差。FEM-SPH 仍有待提高，进而改进沿物面砰击压力的计算精度。

通过船体剖面 MLM 砰击载荷模型解析方法对宽扁型江海直达船二维剖面展开分析，并与数值仿真计算结果进行对比。各时刻下无因次化系数砰击压力分布如图 3-40 所示。由此可见，MLM 砰击载荷模型解析结果与两种数值仿真结果具有相同的变化趋势，并且三种预报方法中砰击压力峰值作用的位置较为一致。砰击压力主要集中于射流根部区域。随着结构入水深入，砰击压力主要作用区域上移，并且靠近龙骨处的砰击压力随之减少。相较于数值仿真计算方法，MLM 解析解中的砰击压力峰值均偏高，并且砰击载荷高度集中于峰值作用区域。这主要是船体宽扁化特殊结构形式使剖面底部区域斜升角较低，直至舭部附近斜升角迅速激增。在结构垂直入水砰击过程中，瞬态砰击载荷集中于舭部区域，并且幅值迅速增大至峰值。其与数值仿真结果的偏差主要是由于非线性高阶项的近似处理，以及忽略射流对底砰击的影响。在数值仿真计算结果中，FEM-SPH 计算的砰击压力峰值较 ALE 流固耦合计算结果偏高，两者结果与图 3-37 中的砰击压力时间历程结果变化一致。

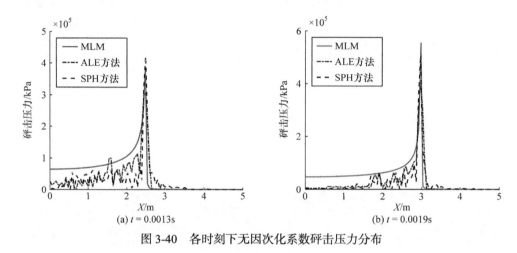

图 3-40   各时刻下无因次化系数砰击压力分布

3.7   江海直达船三维艏部入水砰击数值仿真分析

针对三维宽扁型船首入水砰击模型试验过程开展数值仿真研究，并与试验测试结果进行讨论，探究该船型砰击载荷特性，同时建立三维宽扁型船首结构模型，以及流体欧拉域单元、边界条件。对于三维复杂船首模型入水砰击这种瞬态强非线性流固耦合仿真，虽然采用渐变网格的形式可以大幅减少网格数量，但其所需的总单元数量较高。由于三维船首模型的粒子数量与计算成本较高，因此本节仅采用 ALE 流固耦合数值仿真方法开展三维船首结构入水砰击流固耦合数值仿真研究，并与试验测量值进行对比分析。在此基础上，与二维船体剖面入水砰击数值仿真结果对比，从而分析三维效应对船体剖面入水砰击载荷的影响。

3.7.1   基于 ALE 流固耦合算法的三维船体结构入水砰击载荷计算分析

三维船首入水砰击计算模型示意图如图 3-41 所示。综合考虑计算效率和计算精度，在砰击的主要作用欧拉域范围内采用均匀网格(尺寸为 4 mm)，在较远处的欧拉域采用渐变型网格形式，并于 $Y = 0$ 平面处建立对称边界条件。其水域尺寸为 $1.8\text{m} \times 0.8\text{m} \times 0.8\text{m}$，空气域尺寸为 $1.8\text{m} \times 0.8\text{m} \times 0.4\text{m}$。整个仿真 CPU 计算时间为 52h41min。

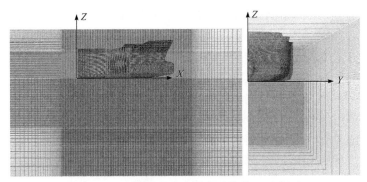

图 3-41　三维船首入水砰击计算模型示意图

3.7.2　结构砰击力

开展三维宽扁型船首结构在 0°纵倾角下，入水砰击过程中结构受到的砰击力研究，对 ALE 流固耦合仿真数值结果与试验测试值进行对比分析，如图 3-42 所示。由此可见，艏部在毫秒级时间段内受到砰击载荷冲击作用，结构与液面之间的少许空气由于底部斜升角，以及纵倾角度较小的因素不能迅速逃逸，因此被迅速压缩，使入水的初始阶段船首所受的砰击力迅速激增。在 $t=2.253\mathrm{s}$ 时，砰击力升至峰值后缓慢减小，试验测试结果滞后于 ALE 仿真方法。试验测试值与仿真偏差源于几个方面，一是艏部截断处引起的三维效应，二是试验工装摩擦力的影响。此外，数值计算方法中不同的网格尺寸、流固耦合仿真参数等均会对流体运动仿真产生影响，导致相对速度和砰击力的偏差。

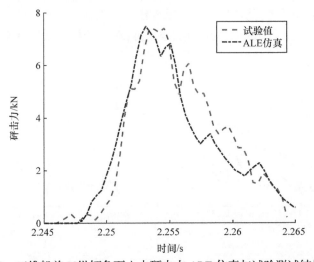

图 3-42　三维船首 0°纵倾角下入水砰击力 ALE 仿真与试验测试结果对比

3.7.3 自由液面及砰击压力分布

三维船体剖面采用 ALE 流固耦合算法在各时刻自由液面和压力云图如图 3-43 所示。可以看出，在入水初始阶段，其砰击压力峰值较小。随着结构浸入深度的增加，水介质受到结构的冲击作用在物面处向四周快速扩散并造成一定的液面升高。随着模型的继续下沉，液面逐渐沿舷部向外溅射，直至模型速度减小为零，液面回落至静水面。在结构入水的中期阶段，其砰击压力峰值所在区域则移向射流根部。结合砰击压力时域结果可知，此阶段砰击压力已至其峰值。在射流与物面分离之前，其砰击压力持续激增。在砰击后期阶段，射流与物面分离，射流根部所受的砰击压力迅速减小，而靠近龙骨处的砰击压力却并未降低。

(a) $t = 0.0021$s　　　　　　　　　　　(b) $t = 0.0036$s

图 3-43　三维船体剖面采用 ALE 流固耦合算法在各时刻自由液面和压力云图

3.7.4 砰击压力时域分析

对不同纵倾角入水情况下的三维船首模型，在 0°、5°、10°、15°纵倾角入水情况中，175 肋位处各测点所受砰击压力进行对比分析，如图 3-44 所示。

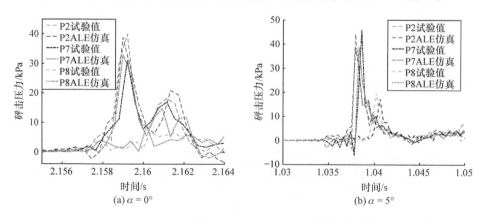

(a) $\alpha = 0°$　　　　　　　　　　　　(b) $\alpha = 5°$

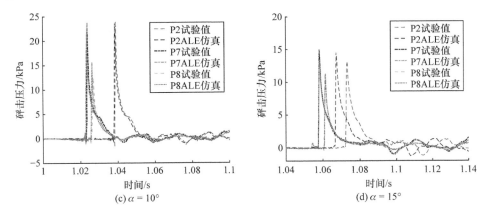

图 3-44　三维船首不同纵倾角下入水砰击压力 ALE 仿真与试验测试结果对比

　　数值仿真预报结果与试验测量曲线的变化趋势较为一致，并且瞬态砰击压力峰值显著。在 10°、15°纵倾角下，P7 处先遭遇砰击压力，P8 处次之，龙骨处的 P2 砰击压力明显滞后于其他测点。相较于 0°、5°纵倾角情况，P2 处与 P7、P8 处砰击压力峰值的差值显著缩小。除此之外，舷侧 P8 处在垂直入水时并没有明显的瞬态砰击压力，而在斜升角非零的情况下，P8 处遭遇显著瞬态压力，其砰击压力峰值激增。可见，由于宽扁船型特点，垂直入水情况下，砰击载荷作用区域为船中龙骨区域附近。在一定斜升角角度入水的情况下，由于艏部前端率先入水，砰击引起的射流沿物面抬高使船侧区域处的自由液面溅射上升速度明显大于船中龙骨处，船侧型线变化较大，流体流动不均匀，并且易发生流固分离，使砰击压力强非线性特性更为显著。试验值稍滞后于 ALE 数值仿真预报，并且砰击压力峰值亦偏低。其误差的来源一部分是船底部平底结构较小，斜升角区域的空气垫并未完全逃逸。除此之外，试验工装的摩擦力也是偏差的原因之一。

　　对于不同入水速度下的三维船首模型测点，对比分析其所受砰击压力的 ALE 数值仿真预报与试验测量值。P3、P5、P6 处在不同入水情况下的无因次化砰击压力峰值如图 3-45 所示。可见，数值仿真结果与试验测量值可得到一致的变化趋势，数值仿真方法的有效性与可靠性得到验证。在不同入水速度时，P3 处的无因次砰击压力峰值均最大，并且随着距离船中横向距离增加至 95～190 mm，无因次砰击压力峰值分别减小至 87%～24%。可见，靠近船中龙骨区域附近处的无因次砰击压力峰值较高，随着横向距离增加，其 C_{pmax} 衰减速率增加。

　　除船舷侧 P6 处在个别入水速度外，其他各点处偏差值均较小，并且网格精细程度与时间步长也是入水砰击数值仿真关键技术之一。由于网格尺寸限制，以及仿真过程并未考虑空化现象等因素，均易造成数值偏差。除此之外，试验模型加工精度及模型传感器所处的位置也会造成试验系统误差，并且试验塔架的摩擦力及运动过程中的角度偏差因素也是造成偏差的因素。

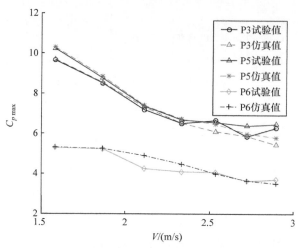

图 3-45　P3、P5、P6 处在不同入水情况下的无因次化砰击压力峰值

3.8　本 章 小 结

　　本章首先详细阐述结构物入水砰击的基本理论计算方法，对 Wagner 模型及其改进 Wagner 模型进行详细阐述，分析各自的适用性和局限性，并对宽扁型江海直达船首剖面形式入水的砰击载荷提出解析表达式。它兼具高精度，以及计算效率的优势，特别是对宽扁型艏部形式 B/D 较大而底部砰击区域斜升角较小的特殊结构形式，在实际应用中具有较大的优势。相较于数值仿真预报方法，其计算时间大幅缩减，可于结构安全性方案设计阶段进行优化设计，并用于参数化设计与结构分析。

　　其次，对 ALE、FEM-SPH 关键技术开展研究，对二维楔形体刚体结构、二维船体剖面入水砰击过程开展数值仿真研究与分析。在对两种数值仿真计算方法有效性与可靠性验证的基础上，对结构所受砰击压力及其时间历程与分布情况进行讨论，并与 GWM、OLM、MLM 解析计算结果对比分析，探讨两种不同数值计算方法与理论模型解析方法特性，验证理论模型解析方法的可靠有效性，从而保证后续评估砰击载荷引起的全船颤振响应的可靠性。可见，基于 MLM 对宽扁型船型砰击载荷计算的精度和效率较高。在此基础上，可将该砰击载荷计算方法应用于后续章节的非线性水弹性时域计算中，为后续船波相对运动中考虑结构弹性变形效应的砰击载荷特性研究奠定基础。在此基础上，针对三维弹性楔形体与宽扁型江海直达船首部结构开展数值仿真分析研究，探究不同入水角度、入水速度，以及三维模型效应对砰击载荷特性的影响规律，在纵倾角度小于 5° 的情况下，结构入水过程中受到的砰击载荷存在多个脉冲现象，在宽扁型江海直达船结构刚度较低情况下会引发全船颤振响应。

第4章　江海直达船船首砰击载荷与响应的影响参数研究

4.1　概　　述

　　江海直达船船首在砰击载荷作用下，船首底部将严重地受到砰击引起的冲击导致局部结构发生破坏。江海直达船船首往往分为纵骨架式和横骨架式，并且通常是由船底龙骨、船底桁材、船底纵骨、实肋板及一些加强筋等构件组成。与骨材、桁材、肋板面内弯曲刚度相比，以骨材、纵桁、肋板为边界的矩形板格的弯曲刚度要小很多，因此在简化计算时可以将船首底板的计算模型取为由纵骨、肋板、桁材做边界的四周刚性固定、承受均布压力的板格。研究结构的动力响应首先要确定载荷的特性，与静水压力、波浪力等不同，入水冲击载荷的作用时间短、峰值大，第一个冲击压力基本上呈三角形脉冲形式。脉冲函数的时间参数取决于砰击表面的砰击速度和形状，速度越大，持续时间越短。通常来说，砰击压力的作用时间为几十毫秒的量级。

　　四周刚性固定的矩形板格的第一阶固有频率可以用下式近似计算，即

$$\omega_{11} = \frac{4\pi^2}{3}\sqrt{\frac{D}{\rho t}\left(\frac{3}{a^4} + \frac{2}{a^2 b^2} + \frac{3}{b^4}\right)} \tag{4-1}$$

其中，ρ 为板材的材料密度；D 为板材的弯曲刚度，$D = \dfrac{Et^3}{12(1-\mu^2)}$。

　　设矩形板材的自振周期为 $T_p = \dfrac{1}{\omega_{11}}$，当板材的自振周期与砰击载荷的作用在板材上的时间比值远小于 1 时，可认为板的响应是准静态的。相关研究指出，对于承受冲击载荷的单自由度弹簧-质量系统，当 $\dfrac{\Delta t}{T} \geqslant 3.5$ 时，施加同一静载荷计算的最大位移与相应的最大动力位移不超过 17%。因此，采用准静态的方法研究船底板格的响应问题是合理可行的。

　　砰击载荷通常作用在一个较大的范围内，因此可将砰击载荷视为作用于船首底板格上的均布载荷。根据结构的极限承载能力分析可以得到，均布压力作用下固支矩形板的静塑性破坏压力，并通过仿真计算得到砰击压力的峰值，进而得到

矩形板格在冲击压力作用下的最大变形。

尽管准静态法能够简单有效地计算船底外板在砰击载荷作用下的承载能力，但是该方法难以考虑板格支撑构件的作用和评判船底板架整体的抗砰击能力。本节采用直接计算流固耦合的方法研究江海直达船船首骨架整体的入水砰击响应问题。

4.2　不同船首形式的砰击载荷分析

4.2.1　不同船首模型选型

目前江海通航船舶舶部结构的形式多种多样，主要有西瓜舶、球鼻舶、前倾舶，如图 4-1 所示。西瓜舶主要流行于珠江流域，舶部为球形，貌似半个西瓜，因此得名。这种船首形式底部变化曲度不大，结构容易布置，而且连续性较好，便于施工。球鼻舶主要流行于长江上游流域，它对船舶的耐波性及阻力有改善作用，但施工工艺复杂，不利于结构的连续性。前倾舶是一种常规的船首形式。这种船首形式工艺简单、便于建造，结构形式主要为横骨架式，因此对纵向强度是不利的。下面从砰击的角度讨论三种舶型砰击压力的分布。

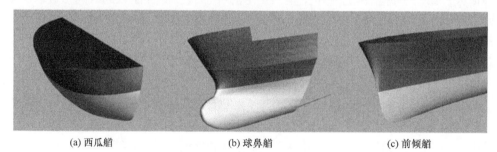

(a) 西瓜舶　　　　　　　　(b) 球鼻舶　　　　　　　　(c) 前倾舶

图 4-1　三种船首形式

4.2.2　不同舶型船首入水仿真模型

船首入水仿真示意图如图 4-2 所示。X 平面为初始静止液面，且上方为空气流场 Ω_{air}，下方为水流场 Ω_{fluid}，边界面为 F，流场为无限广远，主体结构以速度 V_e 入水。在图 4-2 的计算区域中，H_{air} 为空气流场的高度，H_{fluid} 为水流场的高度，W_{fluid} 为流场的宽度，L_{fluid} 为流场的长度，H_i 为主体结构距静止液面的初始高度，流场边界由物面、自由液面及无穷处边界组成。计算主体结构为拉格朗日单元，水与空气为 Euler 单元，并且两者的交界面定义为流固耦合面，采用一般耦合法自动精确地计算每一时间步流固交界面处的物理性质，从而得到完全耦合的流体-

结构响应。各部分材料模型同楔形体入水仿真的仿真模型。三种船首有限元模型
如图 4-3 所示。

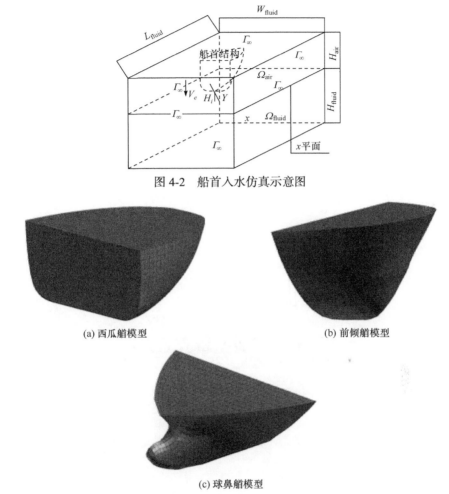

图 4-2　船首入水仿真示意图

(a) 西瓜艏模型　　　　　　　　　　　(b) 前倾艏模型

(c) 球鼻艏模型

图 4-3　三种船首有限元模型

4.2.3　不同艏型仿真结果

在 10m/s 入水速度情况下，三种船首最大压力点砰击压力时程图如图 4-4 所
示。由此可知，西瓜艏在 10m/s 时，砰击压力峰值为 5.36MPa，而前倾艏为 6.41MPa，
球鼻艏为 7.43MPa。所以，当三种艏部结构形式以相同的速度下落时，西瓜艏的
最大砰击压力峰值小些，其次为前倾艏，最大的是球鼻艏。三种船首在不同入水
速度下的砰击压力峰值曲线和入水过程如图 4-5~图 4-8 所示。图中曲线变化趋势
基本一致，低速时三种艏型砰击压力差值略大，球鼻艏入水砰击压力最大，速度

越高差值越小。

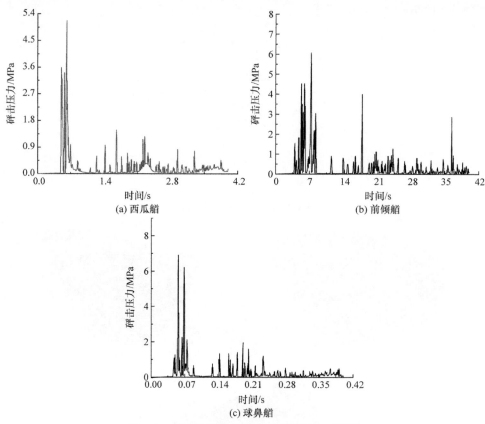

图 4-4　三种船首最大压力点砰击压力时程图

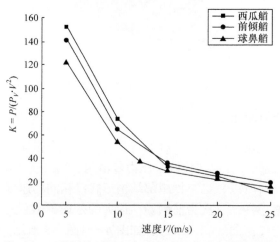

图 4-5　三种船首不同入水速度下砰击压力峰值曲线

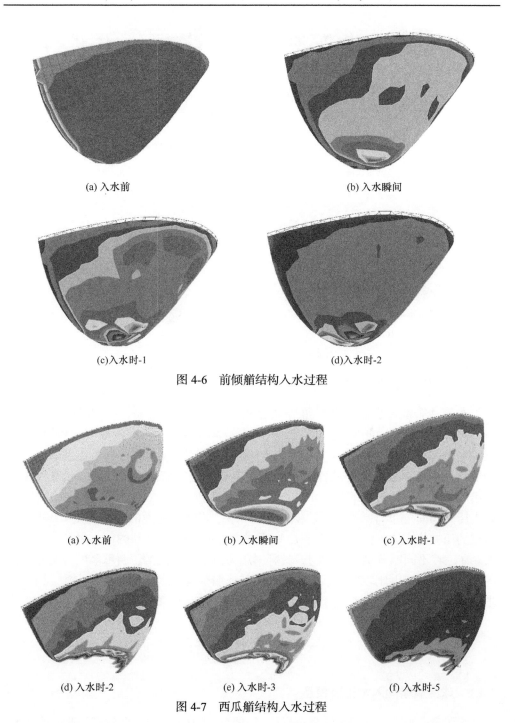

(a) 入水前　　　　　　　　　　　　　　　(b) 入水瞬间

(c)入水时-1　　　　　　　　　　　　　　(d)入水时-2

图 4-6　前倾艏结构入水过程

(a) 入水前　　　　　　(b) 入水瞬间　　　　　　(c) 入水时-1

(d) 入水时-2　　　　　　(e) 入水时-3　　　　　　(f) 入水时-5

图 4-7　西瓜艏结构入水过程

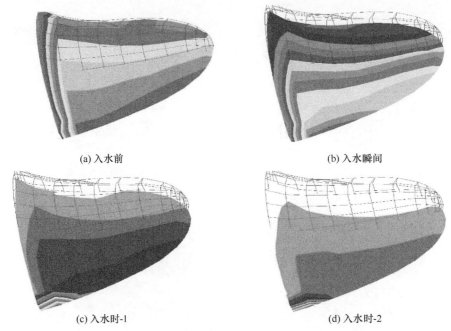

(a) 入水前　　　　　　　　　　　　　　　　　　　(b) 入水瞬间

(c) 入水时-1　　　　　　　　　　　　　　　　　　(d) 入水时-2

图 4-8　球鼻艏结构入水过程

4.2.4　不同艏型仿真结论

在三种船首入水前，水面和结构之间的空气会急剧压缩，增加结构底部的压力，但是结构两侧由于空气的逃逸，没有形成高压区。从自由液面变化可以看出，三种艏型入水前都能使结构下方的水面抬升，之后结构入水引起水花。砰击达到峰值后往往能引起显著的液面变化，但是存在一定的滞后。在不同入水速度下，砰击压力峰值平均最小的是西瓜艏，其次是球鼻艏，较大的是前倾艏。除此之外，砰击压力物面分布与船首的形状变化密切相关，当船首曲面的曲度变化平缓时，峰值点的压力值变化不大(如西瓜艏)，但是曲度变化大的球鼻艏的压力峰值变化比较大。在三种不同船首结构入水时，其砰击压力范围是不同的，西瓜艏的砰击压力范围比较大，分布也比较均匀，但是相较于其他艏型的入水点形状比较尖瘦，所以砰击压力范围比较小，分布也不均匀，这对结构的疲劳强度是不利的。

4.3　球鼻艏入水砰击的载荷

4.3.1　球鼻艏艏型入水仿真模型

为研究砰击载荷在船首的分布规律，以船首(自 169 号肋位至首部前端)为研究对象，用上述方法建立有限元仿真模型。球鼻艏船首入水砰击有限元模型如图 4-9 所示。由于结构和流场均关于 $O\text{-}XZ$ 平面对称，并且边界条件和初始条件也具有对称性，因此为简化模型，减少仿真模拟的计算量，仿真计算选取模型的一半，并在对称面施加对称约束。

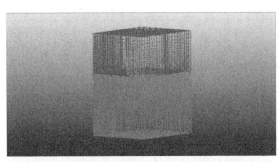

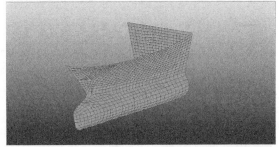

图 4-9　球鼻艏船首入水砰击有限元模型

4.3.2　典型位置的砰击载荷

船底入水砰击压力峰值在入水后会达到一个峰值，但是压力峰值的持续时间很短。船底中线处典型砰击压力时程曲线如图 4-10 所示。

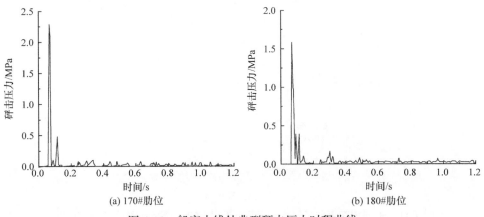

(a) 170#肋位　　　　　　　　　　　(b) 180#肋位

图 4-10　船底中线处典型砰击压力时程曲线

4.3.3　砰击载荷纵向分布

为研究船底砰击压力沿纵向的分布规律，取船底纵中剖面典型位置做分析。船首纵中剖面底部典型位置砰击压力峰值如表 4-1 所示。

表 4-1　船首纵中剖面底部典型位置砰击压力峰值

分析点			入水速度/(m/s)							
			3	4	5	6	7	8	9	10
代码	距艏垂线距离/m	该处纵向斜升角/(°)	最大砰击压力/MPa							
1	15	0	1.35	1.78	2.28	2.94	3.63	4.26	5.05	5.62
2	8.4	2	1.16	1.67	2.24	2.85	3.44	4.13	4.75	5.26
3	6.6	4	0.86	1.49	2.16	2.75	3.24	3.91	4.45	4.82
4	4.8	6	0.68	1.14	1.82	2.49	2.97	3.58	3.97	4.30
5	3	8	0.45	0.72	1.10	1.68	2.23	2.73	3.07	3.71
6	2.4	12	0.12	0.17	0.26	0.25	0.40	0.60	0.82	1.13
7	1.5	30	0.04	0.06	0.07	0.09	0.10	0.12	0.15	0.17
8	0.6	60	0.00	0.00	0.00	0.00	0.01	0.00	0.00	0.00
9	0.2	82	0.00	0.00	0.00	0.00	0.00	0.00	0.00	0.00

不同速度下，船底纵中线处砰击压力峰值系数与纵向斜升角的关系如图 4-11 所示。可以看出，每个速度下砰击压力峰值系数的趋势相同，在纵向斜升角小于 8°时，系数 $C_{p\max}$ 随速度的变化较大，纵向斜升角大于 8°时，各速度对应的系数 $C_{p\max}$ 基本相同，纵向斜升角大于 12°以后压力系数较小，小于 12°的范围压力系数变化复杂。砰击压力峰值系数和入水速度的关系如图 4-12 所示。

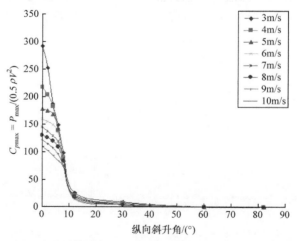

图 4-11　不同速度下船底纵中线处砰击压力峰值系数与纵向斜升角的关系

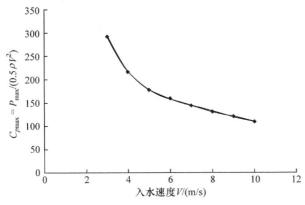

图 4-12　砰击压力峰值系数与入水速度的关系

对砰击压力峰值系数 $C_{p\max}$ 采用多项式回归，可得如下公式，即

$$C_{p\max} = 0.2123V^4 - 6.5707V^3 + 75.775V^2 - 398.46V + 964.94 \qquad (4\text{-}2)$$

4.3.4　砰击载荷横向分布

针对四个典型横剖面开展数值仿真分析，每个横剖面上各 6 个典型位置处的砰击压力峰值如表 4-2 所示。

表 4-2　球鼻艏型船首 5m/s 入水时典型位置砰击压力峰值

剖面代码	测点	肋位号	距中剖面距离/m	测点处剖面斜升角/(°)	最大砰击压力/MPa
A	A1	170#	0	0	2.28
	A2		5.116	2	2.09
	A3		8.156	18	0.38
	A4		8.963	36	0.01
	A5		9.579	54	0.00
	A6		9.843	70	0.00
B	B1	175#	0	0	2.28
	B2		5.667	9	0.93
	B3		6.818	17	0.39
	B4		7.586	33	0.02
	B5		8.323	47	0.00
	B6		8.585	62	0.00
C	C1	180#	0	0	2.28
	C2		2.904	7	0.84
	C3		5.047	16	0.33
	C4		5.794	33	0.05

续表

剖面代码	测点	肋位号	距中剖面距离/m	测点处剖面斜升角/(°)	最大砰击压力/MPa
C	C5	180#	6.444	55	0.02
	C6		6.856	77	0.00
D	D1	190#	0	0	1.24
	D2		1	3	0.93
	D3		1.47	11	0.43
	D4		3.155	30	0.02
	D5		1.861	62	0.00
	D6		3.363	77	0.00

　　根据表 4-2 和式(4-2)计算砰击压力系数，可以获得各横剖面上砰击压力系数与横向斜升角的关系，如图 4-13 所示。可以看出，各横剖面压力影响系数对横向斜升角的趋势基本相同。横向斜升角在 35°后的砰击压力基本趋于零。剖面处分析点位置与横向斜升角的关系如图 4-14 所示。根据剖面横向斜升角变化规律和砰击压力系数关系，建议砰击压力横向分布用线性关系拟合。

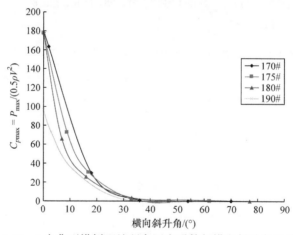

图 4-13　4 个典型横剖面处砰击压力系数与横向斜升角的关系

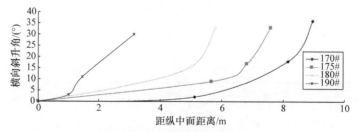

图 4-14　4 个典型横剖面处分析点位置与横向斜升角的关系

本节通过研究江海直达船球鼻艏艏型压力分布特征，获得最大砰击压力点处砰击压力系数与入水速度的回归公式。砰击入水速度可根据耐波性计算获得，即

$$C_{p\max} = 0.2123V^4 - 6.5707V^3 + 75.775V^2 - 398.46V + 964.94 \qquad (4\text{-}3)$$

4.4　不同结构形式的砰击强度分析

4.4.1　模型的选取

在江海直达船首结构形式中，主要结构形式为纵骨架式和横骨架式。不同的结构形式对砰击引起的砰击载荷作用下的承载能力也是不同的。船首底部结构一般由纵桁材(龙骨)、横桁材(肋板)、纵骨、底板组成。由于设计变量过多(主要结构的形式与尺寸变量)，即使在不计及流固耦合时的载荷作用下，船首底部结构的优化也非易事。因此，本节以不同的结构形式研究不同结构入水砰击响应，从而确定优化的结构形式。

首先，以三种结构形式为研究对象，即横骨架式、纵骨架式、密加筋形式(图 4-15～图 4-17)。其结构各尺寸均源于江海直达船舶。横骨架式中的结构主要由肋板和龙骨组成。这种骨架形式的优点是，多数骨材横向布置，横向强度较好，施工比较方便，建造成本低；缺点是，在同样受力情况下，外板和甲板的厚度比纵骨架式的大，结构重量较大。

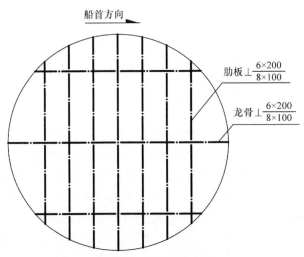

图 4-15　横骨架式示意图(单位：mm)

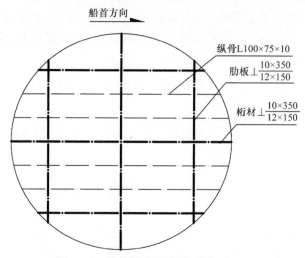

图 4-16　纵骨架式示意图(单位：mm)

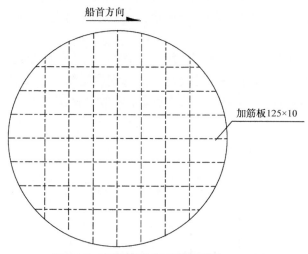

图 4-17　密加筋形式示意图(单位：mm)

　　纵骨架式结构主要由肋板和桁材组成，同时在纵向肋位上设置纵骨。这种骨架形式的优点是多数骨材纵向布置，骨材参与船梁的有效面积。由于纵向骨材布置较密，可以提高板对纵弯曲压缩的稳定性，但是在施工工艺上不如横骨架式简单。

　　密加筋形式结构由简单的加筋板组成，在横向和纵向设置加筋板。这种骨架形式多出现于现代高速船上，是从航空结构中演变而来的。

4.4.2　模型建立

　　根据以上三种结构形式，每个模型重量控制在约 1.5t，并保证其有效的强度。

三种结构形式模型示意图如图 4-18 所示。结构模型是各向同性弹塑性本构关系，泊松比为 0.3，材料的弹性模量为 206GPa，屈服强度为 235MPa，密度取 7850kg/m³，建立结构入水砰击计算模型，计算模型入水砰击的结构响应。

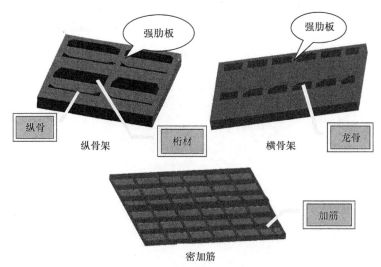

图 4-18　三种结构形式模型示意图

　　流场模型在远离结构方向的欧拉网格较为稀疏，在主体结构附近的欧拉网格较为密集，同时保证欧拉-拉格朗日单元的尺寸比，这样能够保证计算效率。由于在考虑结构弹性变形的情况下，每一时间步内都必须计算结构在流体载荷作用下的变形和响应情况作为下一步计算流体的物面边界，如果流场取得过大则会带来耗时增加，甚至无法计算。本节三维模型入水砰击算例的流场范围取对应结构方向尺寸的 2 倍，在边界上施加无反射边界条件来模拟无穷远边界。

4.4.3　仿真结果分析

　　以 10m/s 的速度入水为条件开展仿真计算，各模型结构入水砰击后的应力云图及应力时程曲线分别如图 4-19～图 4-22、表 4-3 所示。纵骨架式为 235MPa，最大应力出现在桁材与肋板交接处的面板上；横骨架式为 233MPa，最大应力出现在肋板面板上；密加筋骨架为 158MPa，最大应力出现在底板与加筋板的连接点处。可以看出，在同样速度下落时，纵骨架式和横骨架式的最大应力值比较接近，而且很大，接近材料的屈服值，但是密加筋结构的最大应力值却远小于其他结构形式。除此之外，各模型的底板应力普遍不大，最大的是加筋板模型，但是对于骨材应力来说，纵骨架式和横骨架式模型都偏高，加筋板的应力相对较小。

纵骨架式

横骨架式

密加筋

图 4-19　各模型合成应力云图

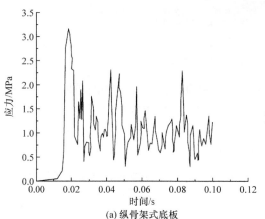

(a) 纵骨架式底板

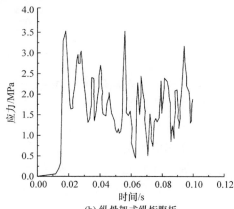

(b) 纵骨架式纵桁腹板

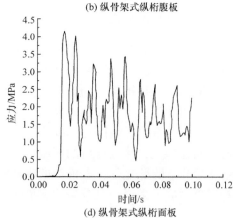

(c) 纵骨架式纵骨腹板

(d) 纵骨架式纵桁面板

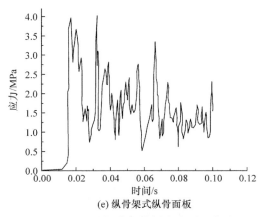

(e) 纵骨架式纵骨面板

图 4-20 纵骨架式各骨材应力时程曲线

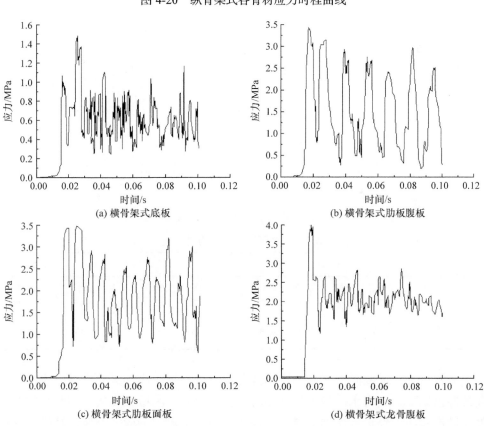

(a) 横骨架式底板

(b) 横骨架式肋板腹板

(c) 横骨架式肋板面板

(d) 横骨架式龙骨腹板

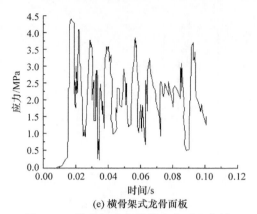

(e) 横骨架式龙骨面板

图 4-21　横骨架式各骨材应力时程曲线

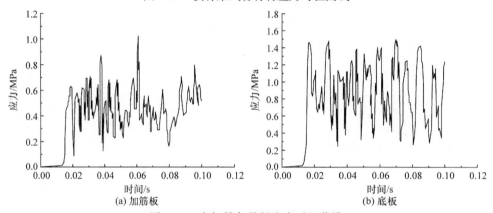

(a) 加筋板　　　　　　　　　　　　(b) 底板

图 4-22　密加筋各骨材应力时程曲线

表 4-3　各模型骨材应力总结表

项目	纵骨架式					横骨架式					密加筋	
构件	底板	纵桁腹板	纵桁面板	纵骨腹板	纵骨面板	底板	肋板腹板	肋板面板	龙骨腹板	龙骨面板	底板	加筋板
最大应力/MPa	110	235	235	180	200	90	233	233	233	233	148	101

　　分析可知，远离砰击区域结构的部分应力较小，而底部区域直接承受砰击引起的冲击载荷，应力水平较高且持续时间长。大应力区域主要集中在骨材的交接处，砰击载荷由外板传递到骨材上，并在局部产生较大的应力响应。特别是，横骨架式和纵骨架式模型的各骨材都出现最大应力，接近材料的屈服应力，可以说明这些骨架形式的抗砰击能力不强。从加筋板的应力变化来看，各骨材的应力值都远远小于其他模型，因此抗砰击能力对于其他模型是相对有效的。

　　对各模型的骨材变形过程分析可见，在远离砰击区域结构部分变形较小，而底部区域直接承受砰击引起的冲击载荷，变形较大。横骨架式和纵骨架式模型中的底板变形相较于加筋板模型小，可见加筋板有较好的变形吸能作用，具有较好的抗砰击性能。

4.5　船首表面线型及入水速度对船首底部砰击压力的影响

本节通过三维数值仿真计算方法研究船首物面曲率(横向曲率和纵向曲率)和入水速度对船底砰击压力峰值的影响。

4.5.1　横向曲率对船首底部砰击压力的影响

为了研究横向曲率对江海直达船船首底部砰击压力的影响，仿真选取四个典型横剖面进行分析，对于入水速度为 3.16m/s 的江海直达船入水砰击过程，各测点坐标位置和无量纲化砰击压力峰值 C_{pmax} 如表 4-4 所示。

表 4-4　船首底部测点位置及无量纲化砰击压力峰值

剖面代码	测点	肋位号	距中剖面距离/mm	测点处剖面斜升角/(°)	无量纲化砰击压力峰值 C_{pmax}
A	A1	170#	0	0	7.296
	A2		127.9	2	6.688
	A3		203.9	18	1.216
	A4		224.075	36	0.032
	A5		239.475	54	0
	A6		246.075	70	0
B	B1	175#	0	0	7.296
	B2		141.675	9	2.976
	B3		170.45	17	1.248
	B4		189.65	33	0.064
	B5		208.075	47	0
	B6		214.625	62	0
C	C1	180#	0	0	7.296
	C2		72.6	7	2.688
	C3		126.175	16	1.056
	C4		144.85	33	0.16
	C5		161.1	55	0.064
	C6		171.4	77	0
D	D1	190#	0	0	3.968
	D2		25	3	2.976
	D3		36.75	11	1.376

续表

剖面代码	测点	肋位号	距中剖面距离/mm	测点处剖面斜升角/(°)	无量纲化砰击压力峰值 C_{pmax}
	D4		78.875	30	0.064
D	D5	190#	46.525	62	0
	D6		84.075	77	0

　　如图 4-23 所示，不同肋位处，横向曲率对船底砰击压力峰值的影响规律是类似的，在 0°～20° 这个区域，随着横向曲率的增大，船底砰击压力峰值急剧减小，当横向曲率达到 30° 以后，砰击压力峰值接近零，并且肋位号越小的剖面，砰击压力峰值随曲率增大而减小的速度越快。

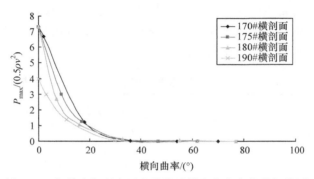

图 4-23　船首底部砰击压力峰值随横向曲率变化的规律图

4.5.2　纵向曲率对船首底部砰击压力的影响

　　通过上述研究分析可以发现，船首底部砰击压力峰值发生在船底中线，试验和仿真对船底中线上砰击压力峰值沿船长方向的纵向分布做了研究，得到不同入水速度下，船底中线上砰击压力峰值的纵向分布规律。在此基础上，通过仿真进一步研究中纵剖面的纵向斜率对船底中线上砰击压力峰值的影响，不同的入水速度下，船首底部测点位置及无量纲化砰击压力峰值如表 4-5 所示。

表 4-5　船首底部测点位置及无量纲化砰击压力峰值

项目			入水速度/(m/s)							
			1.9	2.53	3.16	3.79	4.43	5.06	5.69	6.32
分析点代码	距艏垂线距离/mm	该处纵向斜升角/(°)	无量纲化砰击压力峰值 C_{pmax}							
1	375	0	12.00	8.90	7.30	6.53	5.93	5.33	4.99	4.50
2	210	2	10.31	8.35	7.17	6.33	5.62	5.16	4.69	4.21
3	165	4	7.64	7.45	6.91	6.11	5.29	4.89	4.40	3.86

续表

项目			入水速度/(m/s)							
			1.9	2.53	3.16	3.79	4.43	5.06	5.69	6.32
分析点代码	距艏垂线距离/mm	该处纵向斜升角/(°)	无量纲化砰击压力峰值 C_{pmax}							
4	120	6	6.04	5.70	5.82	5.53	4.85	4.48	3.92	3.44
5	75	8	4.00	3.60	3.52	3.73	3.64	3.41	3.03	2.97
6	60	12	1.07	0.85	0.83	0.56	0.65	0.75	0.81	0.90
7	37.5	30	0.36	0.30	0.22	0.20	0.16	0.15	0.15	0.14
8	15	60	0.00	0.00	0.00	0.00	0.02	0.00	0.00	0.00
9	5	82	0.00	0.00	0.00	0.00	0.00	0.00	0.00	0.00

如图 4-24 所示，一方面，不同速度下，船底砰击压力峰值随着纵向曲率变化的走势大致类似，即 0°~20° 的区域，船底砰击压力峰值随着纵向斜率的增大急剧减小，到 20° 以后几乎降为零，同时，入水速度越小，无量纲化的砰击压力峰值减小的越迅速；另一方面，在 0°~8° 的区域，不同入水速度下，同一点的无量纲化砰击压力峰值并不一样，而在 8° 以后曲线基本重合。在这个区域，不同入水速度下，同一点的无量纲化砰击压力峰值基本相同。这说明，在 0°~8° 区域，船底中线上的砰击压力峰值并不是与入水速度呈简单的平方关系，在 8° 以后的区域，无量纲化砰击压力峰值几乎不再与入水速度有关。这说明，在这个区域，砰击压力峰值与入水速度呈平方关系。

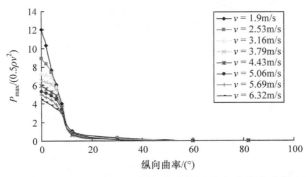

图 4-24　船首底部中纵线上砰击压力峰值随纵向曲率变化的规律图

4.6　本 章 小 结

本章在江海直达船船首模型试验的基础上，采用有限元方法对江海直达船船首底部及外飘入水砰击问题进行研究，并通过试验的对比，对仿真方法进行修正，得到江海直达船船首入水砰击过程中，船底和外飘的砰击压力峰值的分布规律，并在此基础上对江海直达船船首表面线型和入水速度对船首底部砰击压力的影响进一步研究。

通过流固耦合数值仿真方法对江海直达船船首底部及外飘入水砰击问题进行研究。在船首底部入水砰击过程中，由于江海直达船底部较为肥大，船底的砰击压力和传统平板结构入水特性相似，随着入水速度的增大，砰击压力明显增大。同时，船首底部结构砰击压力呈现类似"热岛效应"的分布规律，即船底中心处压力峰值最大，沿长度方向和宽度方向逐渐减小。

第 5 章　江海直达船舶砰击颤振及波激振动试验

5.1　概　　述

受内河航道，如水深、桥梁等条件的限制，吨位提升后的新江海直达船船型具有相较于海船更为宽扁的特性，再加上甲板大开口的影响，船体梁比常规船型较柔。营运中的江海直达船由江入海后，载荷变化较大，波浪、砰击载荷容易引起船体振动。特别是，船体梁变柔后具有较小的结构刚度和固有频率，当遭遇与之相近的波浪频率的海况时，波浪引起的波激振动和局部砰击引起的颤振响应对结构安全影响极大。对这一复杂的强非线性瞬态动力学问题的数学描述，理论和数值方法研究基于诸多假设和简化前提，其计算结果不能完全反映船体结构响应特性，尤其是对砰击颤振、波激振动及其相互耦合的结构响应，目前还没有较为准确的方法去求解。基于模型试验的方法是研究江海直达船波浪载荷、砰击载荷、砰击压力特性的有效手段，也是验证已有计算方法的有效途径。

一般来讲，船体砰击颤振和波激振动产生的机理及其对结构响应的影响程度和规律都是不一样的，准确可靠地预报这两种振动对结构响应的具体影响是非常关键的。本章通过对某新型江海直达船的波激振动和砰击颤振响应模型试验研究，对船体运动响应和船体梁分别在规则波和不规则波中的垂向弯曲特性进行分析，得到波浪、砰击载荷引起的结构振动响应与船舶装载状态、航速、波浪等环境载荷的关系。同时，讨论江海直达船波浪航行中，波激振动和砰击颤振对波浪载荷下船体梁结构响应的影响规律。

5.2　试验原理

砰击颤振和波激振动模型试验要测量波浪弯矩(剪力)、砰击振动弯矩、砰击压力等各分量。要反映实船在波浪中真实的运动和结构响应的本质和特征，就需要同时满足船模与实船之间的流体和结构动力特性相似，通常包括以下三个方面。

1. 几何相似

按照一定的缩尺比制作船模，应保持模型与实船外形几何相似，包括吃水以上的船体外形。将该尺度比称为缩尺比 Λ，则有

$$\Lambda = L_m / L_s \tag{5-1}$$

其中，L_m 和 L_s 表示模型长度和实船长度。

缩尺比由水池条件确定，波浪要素按缩尺比选定。此处试验波浪要素包括规则波波长 λ 和波高 H。

2. 重力相似

表征重力为主要作用的流体动力特性，主要是兴波特性，表征参数为 F_r，即

$$F_r = V / \sqrt{gL} \tag{5-2}$$

其中，V 为船速；g 为重力加速度；L 为长度。

船模速度与实船速度之间的关系由重力相似(即 Froude 数相等)获取，则有

$$V_m = V_s \sqrt{L_m / L_s} = V_s \sqrt{\Lambda} \tag{5-3}$$

其中，V_m 和 L_m 为船模速度和长度；V_s 和 L_s 为实船速度和长度。

3. 运动(惯量)相似

船模与实船在波浪中的运动状态相似，表征参数为 S_r，其表达式为

$$S_r = T_e / T_\theta \tag{5-4}$$

其中，T_e 为波浪遭遇周期；T_θ 为船舶纵摇固有周期。

试验要求船模和实船的 S_r 相等。在规则波中船舶顶浪航行时，波浪遭遇周期为

$$T_e = \frac{\lambda}{V + C_\omega} = \frac{\lambda' L^{1/2}}{F_r (g)^{1/2} + (g \Lambda' / 2\pi)^{1/2}} = K_e L^{1/2} \tag{5-5}$$

其中，L 为船长；$\lambda = \lambda' L$ 为波长；$V = F_r (gL)^{1/2}$ 为航速；$C_\omega = (g\lambda / 2\pi)^{1/2}$ 为波速；K_e 为有因次系数。

船舶纵摇固有周期表达式为

$$T_e = \frac{2\pi}{\sqrt{g \overline{GM_L}}} = K_\theta L^{1/2} \tag{5-6}$$

其中，$\overline{GM_L}$ 为纵稳心高；K_θ 为有因次系数。

除上述运动相似准则，流体动力特性还需满足流体动力相似，即船模与实船遭受波浪外载荷需满足欧拉数相等。欧拉数表达形式为

$$E_u = \frac{P}{\frac{1}{2}\rho V^2} \tag{5-7}$$

结构动力特性的相似理论可由船体垂向强迫振动微分方程推导得出，忽略剪切、转动惯量、阻尼对结构的影响，其振动方程微分表达式为

$$EI(x)\frac{\partial^4 y}{\partial x^4} + m(x)\frac{\partial^2 y}{\partial t^2} = P(x,t) \tag{5-8}$$

其中，E 为船舶纵向构件材料弹性模量；$I(x)$ 沿船长截断的船体横剖面惯性矩；$m(x)$ 为包括附加质量在内的船体单位长度质量；$P(x,t)$ 为单位长度的波浪外载荷。

用微分方程推导法推导相似准则时，令 $x=\xi L$、$y=\eta L$、$t=t'T_\theta$，代入式(5-8)并除以 $\rho L^3/T_e^2$ 无因次化，可得

$$f(\xi)\frac{\partial^4 \eta}{\partial \xi^4} + h(\xi)\frac{\partial^2 \eta}{\partial t'^2} = P'(\xi,t') \tag{5-9}$$

相似关系为

$$f(\xi) = \frac{K_1^2 EI(x)}{\rho L^5} \tag{5-10}$$

实船与船模的 $EI(x)/L^5$ 相等，即

$$h(\xi) = \frac{m(x)}{\rho L^2}\left(\frac{K_1}{K_2}\right)^2 \tag{5-11}$$

实船与船模的 $m(x)/L^2$ 相等，即

$$P'(\xi,t') = \frac{K_1^2}{\rho L^2}P(x,t) \tag{5-12}$$

实船与船模 $EI(x)/L^5$ 和 $m(x)/L^2$ 相等，是船模波浪载荷试验中结构动力相似的决定性准则。对于垂向振动周期，满足实船与船模的 $T/\sqrt{L}$ 相等，周期表达式为

$$T = \alpha\sqrt{\frac{mL^4}{EI}} \tag{5-13}$$

其中，α 为与船型和船体振动模态有关的常数。

综合以上相似理论，可得表 5-1 所示的相似关系。

表 5-1　主要相似关系

物理量	实船/模型	物理量	实船/模型
长度	Λ	刚度	Λ^5
排水体积	Λ^3	速度	$\Lambda^{1/2}$
重量/排水量	$1.025\Lambda^3$	波高	Λ
时间	$\Lambda^{1/2}$	加速度	1
周期	$\Lambda^{1/2}$	压力	Λ
频率	$1/\Lambda^{1/2}$	升沉	Λ
弯矩	Λ^4	纵摇	1

5.3　试验方法

5.3.1　试验模型设计

　　得益于较为容易模拟实船的刚度和重量分布，以及制作的便捷性，分段龙骨连续梁模型已广泛应用于船舶波浪载荷试验中。它由多个船体分段通过一根作为龙骨的连续弹性梁连接起来。我们选取分段龙骨连续梁模型作为试验模型，如何选取合适的弹性梁模拟实际的船体梁动力特性便是其关键。

　　波浪载荷模型试验一般选取等截面梁作为模型的连接梁(龙骨)，对测量梁的固有频率和振型进行预估的时候，可以忽略剪切力影响，将船体梁简化为两端自由的 Euler 梁进行干模态分析，初步选定固有频率、振型，以及实船梁近似的测量梁。下面简要介绍干模态的计算过程。

　　对于长为 1 两端自由的 Euler 梁，取其长度方向上的一个微段 dx，分析梁垂直弯曲振动时的受力状态(图 5-1)。式(5-14)给出了梁微段在垂向弯曲时的平衡方程，即

$$q(x,t)\mathrm{d}x - V + \left(V + \frac{\partial V}{\partial x}\mathrm{d}x\right) = m_A \mathrm{d}x \frac{\partial^2 w}{\partial t^2} \tag{5-14}$$

$$-\frac{\partial V}{\partial x} + m_A \frac{\partial^2 y}{\partial t^2} = q(x,t) \tag{5-15}$$

其中，m_A 为微段 dx 的质量；w 为垂向位移；$q(x,t)$ 为微段梁垂载荷；V 为断面剪力。

　　列出梁左端 N_A 点的弯矩平衡方程，并忽略高阶项影响，则有

$$-M + \left(M + \frac{\partial M}{\partial x} dx \right) + \left(V + \frac{\partial V}{\partial x} dx \right) - \frac{1}{2} m_A \frac{\partial^2 w}{\partial t^2} dx^2 = 0 \tag{5-16}$$

将 $V = -\partial M / \partial x, M = EI \partial^2 v / \partial x^2$ 代入式(5-16)，则有

$$\frac{\partial^2}{\partial x^2} \left(EI \frac{\partial^2 w}{\partial x^2} \right) + m_A \frac{\partial^2 w}{\partial t^2} = q(x,t) \tag{5-17}$$

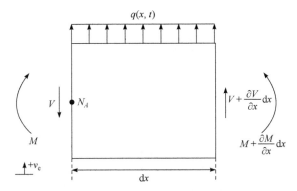

图 5-1　船体梁(Euler 梁)微段受力分析

对于自由振动的 Euler 梁，可以假设 $q(x,t)=0$，式(5-17)的解为与空间和时间有关的函数，即

$$w(x,t) = M(x)N(t) \tag{5-18}$$

且有 $\partial^4 w / \partial x^4 = N d^4 M / dx^4$、$\partial^2 v / \partial t^2 = M d^2 N / dt^2$，将其代入式(5-18)中，则有

$$\frac{1}{M} \frac{d^4 M}{dx^4} = -\frac{1}{a^4 N} \frac{d^2 N}{dt^2}, \quad a^4 = \frac{EI}{m_A} \tag{5-19}$$

若要式(5-19)对任意的 x 和 t 都成立，只有式子两边都等于常数才满足要求，这里设该常数为 α^4。对于梁的刚性运动(垂荡和纵摇)，$\alpha = 0$。对于弯曲变形振动，$\alpha \neq 0$。式(5-19)可以写成关于时间和空间的关系式，即

$$\frac{d^4 M}{dx^4} - \alpha^4 = 0 \tag{5-20}$$

$$\frac{d^2 N}{dt^2} + \alpha^4 a^4 N = 0 \tag{5-21}$$

式(5-19)是单自由度振动方程。根据微分方程理论，它的解可以表述为

$$N(t) = A\sin(\omega_n t) + B\cos(\omega_n t) \tag{5-22}$$

将式(5-22)代入式(5-19)，并根据两端自由梁的两端弯矩、剪力为零的边界条件求解，可以得出关于固有频率的解，即

$$\omega_n = (\alpha_r L)^2 \sqrt{\frac{EI}{mL^4}} \tag{5-23}$$

其中，$\alpha_r L = 0.5\pi[2(r-1)+1]$，$r = 0, 1, \cdots, n$；由 $\alpha_r L$ 的值可以求出每阶模态对应的固有频率和振型。

测量梁一般选取已有的型材，同时考虑质量、截面形状、模型允许安装长度、梁和船的型宽比、吃水比、波浪中预计的最大应力等因素。已有的文献和研究[145]表明，测试梁的质量控制在整个模型质量的 7%～10%较好，便于留出更多的压载质量来调节与实船一致的质量分布。对于剖面形状，主要按表 5-1 中的刚度相似准则考虑，使测量梁的惯性矩和实船惯性矩满足缩尺比关系。测量梁的长度可以根据式(5-23)计算满足与实船固有频率相似关系的长度。

测量梁刚度时按实船刚度和相似关系换算选取。实船船中剖面垂向惯性矩根据船体中剖面惯性矩计算获得，取为 $I_S = 16.53\text{m}^4$，根据相似准则可得

$$\frac{E_S I_S}{E_m I_m} = \Lambda^5 \tag{5-24}$$

要求钢质测量梁的剖面垂向惯性矩 $I_{测量梁} = 49.257\text{cm}^4$，选用 $\Phi7.0\text{cm}$ 钢质空心圆管，壁厚 0.45cm，其剖面垂向惯性矩 $I_{测量梁} = 49.89\text{cm}^4$，为要求的 101.29%，截面积 $A_{测量梁} = 9.26\text{cm}^2$，单位长度重量为 7.269kg/m，符合使用要求。从第 1～19 站布置，测量梁轴心距基线 20.00cm。测量梁下表面通过 5mm 厚肘板焊上 20cm 长、5cm 宽、0.5cm 厚的小钢板作为连接基座，在小钢板左右两端各开有 $\Phi7\text{mm}$ 孔，由螺栓与船模木横梁相连接。因此，最终选取圆形空心截面钢管为符合要求的测量梁。测量梁相关尺寸如表 5-2 所示。具体安装示意图如图 5-2 和图 5-3 所示。

表 5-2　测量梁相关尺寸

项目	重量/kg	长度/cm	型宽/cm	剖面垂向惯性矩/cm⁴
测量梁	26.58	365.626	7	49.89
测量梁/模型	0.0865	0.9	0.0875	1.013

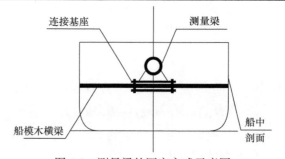

图 5-2　测量梁的固定方式示意图

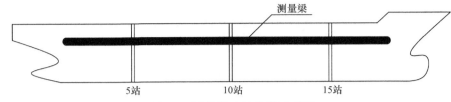

图 5-3　测量梁连接分段示意图

　　实船的型线和艏艉轮廓线如图 5-4 所示。全船自艏艉垂线间按 20 站划分。实船浮态按设计的装载工况计算，每站重量按装载重量、舾装重量、机电重量、结构重量等计算。实船与船模主要参数如表 5-3 所示。分段龙骨连续梁模型如图 5-5 所示。重量分布如表 5-4 所示。

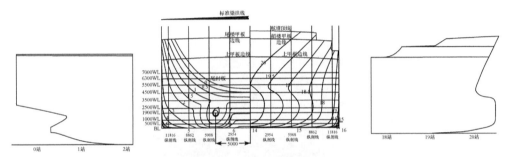

图 5-4　型线与艏艉轮廓线

表 5-3　实船与船模主要参数

物理量	实船		船模	
	满载出港	压载到港	满载出港	压载到港
缩尺比 λ	1	1	32	32
水密度 $\gamma/(\text{t/m}^3)$	1.025	1.025	1.000	1.000
总长 L_{OA}/m	136.00	136.00	4.250	4.250
垂线间长 L_{pp}/m	130.00	130.00	4.0625	4.0625
型宽 B/m	25.60	25.60	0.800	0.800
型深 H/m	8.70	8.70	0.272	0.272
艏吃水 T_f/m	5.738	2.909	0.179	0.091
艉吃水 T_a/m	6.811	4.363	0.213	0.136

续表

物理量	实船		船模	
	满载出港	压载到港	满载出港	压载到港
排水量 Δ/t	18547.5	10318.8	0.55222	0.30722
方型系数 C_b	0.8557	0.8557	0.8557	0.8557
重心高 Z_g/m	8.281	3.460	0.2588	0.1081
重心纵向位置 X_g/m	64.009	63.835	2.0003	1.9948
纵向环动半径 r/m	$0.260\,L_{pp}$	$0.286\,L_{pp}$	$0.260\,L_{pp}$	$0.286\,L_{pp}$
横摇周期/s	10.305	5.496	1.822	0.973

图 5-5　分段龙骨连续梁模型

表 5-4　重量分布

站号	实船/t		模型/kg		模型分段重量/kg	
	满载出港	压载到港	满载出港	压载到港	满载出港	压载到港
0(艉)-1	291.93	324.4	8.69	9.66		
1-2	836.06	789.08	24.89	23.49		
2-3	932.56	773.46	27.77	23.03	115.30	94.19
3-4	831.49	768.54	24.76	22.88		
4-5	980.67	508.05	29.20	15.13		
5-6	1024.43	443.44	30.50	13.20		
6-7	1083.6	459.48	32.26	13.68		
7-8	1050.32	477.1	31.27	14.20	148.41	71.84
8-9	817.81	538.61	24.35	16.04		
9-10	1008.57	494.12	30.03	14.71		
10-11	1281.66	519.08	38.16	15.45	158.47	74.14
11-12	1156.34	458.44	34.43	13.65		

续表

站号	实船/t		模型/kg		模型分段重量/kg	
	满载出港	压载到港	满载出港	压载到港	满载出港	压载到港
12-13	1072.79	474.67	31.94	14.13		
13-14	811.45	583.84	24.16	17.38	158.47	74.14
14-15	1000.39	454.1	29.78	13.52		
15-16	1177.97	459.71	35.07	13.69		
16-17	1266.36	495.4	37.70	14.75		
17-18	931.92	463.75	27.75	13.81	130.03	67.05
18-19	582.36	247.13	17.34	7.36		
19-20(艉)	408.72	585.99	12.17	17.45		

5.3.2　试验原理及设备

试验在拖曳水池中进行。波浪载荷试验原理如图 5-6 所示。试验采用分段龙骨梁模型。模型设计满足相似关系。试验过程中的船模使用拖车拖航,通过自行设计的运动约束装置保持船模在水池中航向的稳定性,通过造波装置造出研究所需的确定参数的波浪。试验过程通过贴在模型梁上的应变片测量应变,根据事先的标定结果得到弯矩和扭矩值,通过布置在拖车上的随车浪高仪测量遭遇波高。船模的垂荡运动通过激光测距传感器实现,模型的纵摇横摇运动通过倾角测量仪进行测量。加速度由布置在船模上的加速器传感器得到,通过在船首布置压力传感器还可以求得船首砰击压力。各种类型的传感器及应变信号统一通过动态应变仪连接到计算机终端进行数据采集记录,以保证结构响应和运动响应的时间同步。

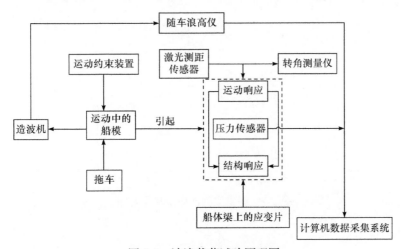

图 5-6　波浪载荷试验原理图

试验设施主要包括试验水池、造波机、拖车、运动约束装置、动态应变仪、激光测距传感器、倾角测量仪、拖车、压力传感器、加速度传感器、计算机数据采集系统。试验用仪器设备如表 5-5 所示。

表 5-5　试验用仪器设备

仪器名称	规格或量程
随车浪高仪	±250mm
应变片	3×5mm
加速度计	5g
压力传感器	50kPa
运动陀螺	7C-C
动态应变仪及实时采集器	东华 5931
无接触式运动采集系统	光学运动测量系统
推进和航向控制设备	航向陀螺、舵机、桨、马达

5.3.3　试验测点布置

试验通过自行设置的约束装置在拖曳水池中采用拖航方式进行。船体剖面载荷的测量通过布置在测量梁上的应变片实现。对于船体梁断面的结构响应测量，主要通过布置在测量梁 0.25L、0.5L、0.75L 处的应变片获得梁在外载荷作用下的变形，然后换算成断面弯矩。如图 5-7 所示，测量梁每个断面有 4 个应变片分别布置在梁的顶端、底端、左舷、右舷。相关的标定系数可以按下列公式计算。

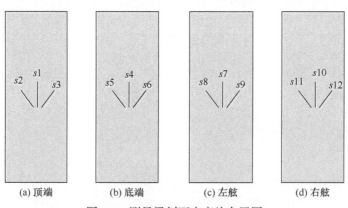

(a) 顶端　　　　　(b) 底端　　　　　(c) 左舷　　　　　(d) 右舷

图 5-7　测量梁剖面应变片布置图

垂向弯矩为

$$M_y = k_1 \times (s1 - s4) \tag{5-25}$$

水平弯矩为

$$M_z = k_2 \times (s7 - s10) \tag{5-26}$$

扭矩为

$$M_x = \frac{1}{2}[k_3(s2 - s3) + k_5(s5 - s6)] \tag{5-27}$$

垂向切力为

$$F_z = \frac{1}{2}[k_4(s8 - s9) + k_6(s11 - s12)] \tag{5-28}$$

其中，k 为标定系数；s 为应变值。

为了测得船首砰击压力，在船艏外飘及船底处布置 10 个压力传感器，加速度传感器布置在船体梁上，共布置 3 处，分别在重心纵向位置、3 站和 17 站的位置。随车浪高仪布置在船首处。激光测距传感器布置在重心同一铅垂线上，与拖车相对静止。倾角测量仪布置在船中纵剖面上，测量纵摇横摇角。试验测点布置如表 5-6 所示。

表 5-6　试验测点布置

序号	测点名称	测点编号	站号	距基线距离/mm	距中纵线距离/mm	备注
1	垂向弯矩	M_{v1}	5	—	—	—
2	水平弯矩	M_{h1}	5	—	—	—
3	扭矩	M_{t1}	5	—	—	—
4	垂向弯矩	M_{v2}	10	—	—	—
5	水平弯矩	M_{h2}	10	—	—	—
6	扭矩	M_{t2}	10	—	—	—
7	垂向弯矩	M_{v3}	15	—	—	—
8	水平弯矩	M_{h3}	15	—	—	—
9	扭矩	M_{t3}	15	—	—	—
10	艉垂向加速度	A_1	1	—	0	中纵线
11	重心处垂向加速度	A_2	重心纵向位置	—	0	中纵线
12	艏垂向加速度	A_3	19	—	0	中纵线
13	砰击压力	$P1$	18.5	0	0	中纵线

续表

序号	测点名称	测点编号	站号	距基线距离/mm	距中纵线距离/mm	备注
14	砰击压力	*P2*	18.5	15.625	221.4	右侧壁
15	砰击压力	*P3*	18.5	78.125	282.3	右侧壁
16	砰击压力	*P4*	18.5	140.625	267.5	右侧壁
17	砰击压力	*P5*	18.5	171.875	270.8	右侧壁
18	纵摇	Pitch				重心处
19	升沉	Heave				重心处
20	浪高	*W*				船首拖车架前

5.3.4　测量梁的标定

在试验过程中，测量梁的剖面载荷测量是布置在测量梁 3 个剖面处的应变片通过组桥获得测量梁在流体外载荷作用下的变形，然后换算成剖面载荷，而换算系数需要通过标定来确定。在标定过程中，通过在特定位置添加标准砝码施加固定载荷，将标定结果与理论计算得到的值进行比较。标定过程保证在梁的弹性范围内进行，标定环境条件要与试验过程接近，忽略标定过程中载荷位置及周围环境带来的误差。如图 5-8 和图 5-9 所示，测量梁的弯曲变形和扭转变形基本符合预期的形态和大小，应变片的布置能较好地预测梁所受的外载荷。

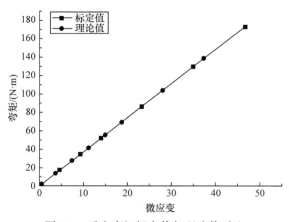

图 5-8　垂向弯矩标定值与理论值对比

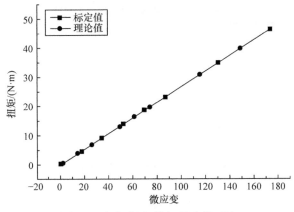

图 5-9　扭矩标定值与理论值对比

5.4　试 验 工 况

5.4.1　静水试验

开展航速为 1.326m/s 和 0.884m/s 时的静水试验,目的是对模型进行观察和调整;通过锤击方式测量静水中船体二节点垂向振动。静水试验测量工况如表 5-7 所示,其中 1kn = 1.852km/h。

表 5-7　静水试验测量工况

编号	航速 实船/kn/模型/(m/s)	记测内容
A01	10/0.909	
A02	12/1.091	
A03	14/1.273	观察、调整与船体二节点垂向振动
A04	16/1.455	
A05	18/1.637	

5.4.2　规则波试验

为了探求江海直达船波浪载荷特性,以及波激振动和砰击颤振对结构响应的影响,根据 E1 海区的风浪特点,选用合适的波浪谱,开展规则波试验测试。波浪水池试验工况如表 5-8 所示。拖曳水池试验工况如表 5-9 所示。

表 **5-8**　波浪水池试验工况

编号	波浪参数	航速 实船/(m/s)/ 模型/(m/s)	浪向 /(°)	备注
B01	(λ/L = 0.2, 0.35, 0.433, 0.6, 0.8, 0.9, 1.0, 1.1, 1.2, 1.5, 2.0) 波高 $H=2a$=2.5m	14/1.273	180	压载
B02	(λ/L = 0.2, 0.35, 0.433, 0.6, 0.8, 0.9, 1.0, 1.1, 1.2, 1.5, 2.0) 波高 $H=2a$=2.5m	10/0.909	120	压载
B03	(λ/L = 0.2, 0.35, 0.433, 0.6, 0.8, 0.9, 1.0, 1.1, 1.2, 1.5, 2.0) 波高 $H=2a$=1.5m	14/1.273	180	压载
B04	(λ/L = 0.2, 0.35, 0.433, 0.6, 0.8, 0.9, 1.0, 1.1, 1.2, 1.5, 2.0) 波高 $H=2a$=1.5m	14/1.273	180	压载
B05	(λ/L = 0.2, 0.35, 0.433, 0.6, 0.8, 0.9, 1.0, 1.1, 1.2, 1.5, 2.0) 波高 $H=2a$=3.5m	14/1.273	180	满载
B06	(λ/L = 0.2, 0.35, 0.433, 0.6, 0.8, 0.9, 1.0, 1.1, 1.2, 1.5, 2.0) 波高 $H=2a$=2.5m	10/0.909	120	满载
B07	(λ/L = 0.2, 0.35, 0.433, 0.6, 0.8, 0.9, 1.0, 1.1, 1.2, 1.5, 2.0) 波高 $H=2a$=2.5m	0.0/0.0	180	压载

表 **5-9**　拖曳水池试验工况

编号	波浪参数	航速 实船/(m/s)/ 模型/(m/s)	浪向 /(°)	备注
R01	(λ/L = 0.35, 0.433, 0.6, 0.8, 0.9, 1.0, 1.1, 1.2, 1.5, 2.0) 波高 $H=2a$=2.5m	14/1.273	180	压载
R02	(λ/L = 0.35, 0.433, 0.6, 0.8, 0.9, 1.0, 1.1, 1.2, 1.5, 2.0) 波高 $H=2a$=2.5m	12/1.091	180	压载
R03	(λ/L = 0.35, 0.433, 0.6, 0.8, 0.9, 1.0, 1.1, 1.2, 1.5, 2.0) 波高 $H=2a$=2.5m	16/1.455	180	压载
R04	(λ/L = 0.35, 0.433, 0.6, 0.8, 0.9, 1.0, 1.1, 1.2, 1.5, 2.0) 波高 $H=2a$=2.5m	18/1.637	180	压载
R05	(λ/L = 0.35, 0.433, 0.6, 0.8, 0.9, 1.0, 1.1, 1.2, 1.5, 2.0) 波高 $H=2a$=2.8m	14/1.273	180	满载
R06	(λ/L = 0.2, 0.35, 0.433, 0.6, 0.8, 0.9, 1.0, 1.1, 1.2, 1.5, 2.0) 波高 $H=2a$=3.2m	14/1.273	180	满载
R07	(λ/L = 0.2, 0.35, 0.433, 0.6, 0.8, 0.9, 1.0, 1.1, 1.2, 1.5, 2.0) 波高 $H=2a$=3.5m	14/1.273	180	压载

5.4.3　不规则波试验

不规则波试验工况如表 5-10 所示。

表 5-10　不规则波试验工况

编号	波浪参数(实船尺度)	航速 实船/kn	浪向 /(°)
C01	$h_{1/3}=2.5\text{m}$,　$T_2=6.0\text{s}$	14	180
C02	$h_{1/3}=2.5\text{m}$,　$T_2=6.0\text{s}$	14	120
C03	$h_{1/3}=2.5\text{m}$,　$T_2=6.0\text{s}$	10	180
C04	$h_{1/3}=2.5\text{m}$,　$T_2=6.0\text{s}$	10	120
C05	$h_{1/3}=2.5\text{m}$,　$T_2=6.0\text{s}$	12	180
C06	$h_{1/3}=2.5\text{m}$,　$T_2=6.0\text{s}$	16	180
C07	$h_{1/3}=2.5\text{m}$,　$T_2=6.0\text{s}$	18	180
C08	$h_{1/3}=2.88\text{m}$,　$T_2=6.0\text{s}$	14	180
C09	$h_{1/3}=3.2\text{m}$,　$T_2=6.0\text{s}$	14	180
C10	$h_{1/3}=3.5\text{m}$,　$T_2=6.0\text{s}$	14	180

不规则波谱的模拟采用 ISSC(International Ship Structure Conference，国际船舶结构会议)双参数谱，即

$$S(\omega)=\frac{124H_{1/3}^2}{T_2^4\omega^5}\exp\left(-\frac{496}{T_2^4\omega^4}\right) \tag{5-29}$$

其中，$H_{1/3}$ 为有义波高；T_2 为波浪特征周期；ω 为波浪圆频率。

令谱峰周期 $T_P=1.408T_2$，ISSC 双参数谱的 T_2 与 ITTC 双参数谱的 T_{01} 之间的转换关系为 $T_{01}=1.086T_2$。

5.5　试验分析方法

5.5.1　时域分析方法

通过试验得到江海直达船船体运动和结构响应的时间历程曲线后，需要对结果进行时域分析。假设这些时历过程都是稳定的、满足高斯分布的各态历经过程，对其进行相关统计分析可得各个响应的平均值、幅值、相位、不确定度等。

线性传递函数可以通过不同的方法计算得到。第一种方法为区间过零计数法，

通过去均值定义过零区间，找出每个过零区间局部的最大值 $\max(x)$ 和最小值 $\min(x)$，每个区间内的幅值 a_i 定义为两者差值的一半，然后对所用区间的幅值求平均值得到这个时间历程的平均幅值 a，即

$$a = \frac{1}{N}\sum_{i=1}^{N}\frac{\max(x)-\min(x)}{2} \tag{5-30}$$

采用这种方法可以通过标准差进行不确定度分析，但是需要进行滤波处理。

第二种方法为标准差分析法。可以将信号假设为正弦信号，找出每段波形的幅值，然后通过计算整个时间历程各波形幅值的标准差 σ^2 得到幅值 a，即

$$a = \sqrt{2}\sigma$$

$$\sigma^2 = \frac{1}{n-1}\sum_{i=1}^{n}(x_i-\bar{x})^2 \tag{5-31}$$

这种方法适合对单频率为主要影响的时间历程，即需要对时域信号滤波后分开处理。

第三种方法是在平均值为零的情况下，通过计算离散波浪谱的标准差得到平均幅值，即

$$a = \sqrt{2}\sigma$$

$$\sigma^2 = \sum_{i=1}^{n}S(\omega_i)\mathrm{d}\omega_i \tag{5-32}$$

当响应谱中有几个不同峰值时，不同频率下的峰值可以用此方法获得。

第四种方法为最小二乘法。将时域信号假设为不同正弦信号的叠加，并用最小二乘法的方法将这些正弦信号拟合为时历信号，即

$$\sum_{i=1}^{n}(A_i\sin(\omega_i t_j)+B_i\sin(\omega_i t_j))=R(t_j) \tag{5-33}$$

其中，j 表示相应的时间段。

5.5.2　响应传递函数

1. 线性传递函数

假设在线性强迫振动载荷 $f(t)$ 作用下，线性系统的响应为 $y(t)$，即

$$f(t)=a_i\cos(\omega_i t) \tag{5-34}$$

$$y(t)=r_i\cos(\omega_i t+\theta_i) \tag{5-35}$$

其中，θ_i 为相位；ω_i 为强迫载荷频率；a_i 和 r_i 为幅值。

通常，将各个频率下的响应幅值和强迫载荷幅值的比值定义为线性传递函

数，即

$$|H_1(\omega_i)| = \frac{r_i}{a_i} \tag{5-36}$$

2. 非线性传递函数

一般将响应的最大幅值和波浪幅值的比值定义为非线性准静态传递函数。通过该函数可以得到遭遇频率发生高阶谐振的影响大小。其响应可以假设为遭遇频率下的响应和高阶谐振响应的叠加，即

$$y(t) = \sum_{i=1}^{N} r_i \cos(i\omega_i t + \theta_i) \tag{5-37}$$

非线性传递函数可表示为

$$|H_N(\omega_i)| = \frac{\max(y) - \min(y)}{2a_i} \tag{5-38}$$

其中，$\max(y)$ 和 $\min(y)$ 为每个遭遇周期下幅值的最大值和最小值。

高阶谐振响应由激励等级决定，即激励幅值越大，高阶谐振对响应的贡献越大。

5.5.3　规则波中结构响应带通滤波方法

模型在规则波中的试验结果通常用传递函数表示，当非线性影响不大时，可以直接通过传递函数获得响应幅值。但是，当非线性影响较大时，需要通过带通滤波技术获得响应幅值。特别是，试验中要考虑到鞭击振动和波激振动这种非线性因素时，如何区分高低频波浪载荷、每阶谐振影响成分等成为关键问题。我们也对江海直达船规则波试验中的响应结果采用带通滤波的方法，明确结构响应中不同成分的影响。如图 5-10 所示，在能量集中在几个窄带频率中，不仅包含遭遇波频成分 $\omega_{wave} = 1.0 \text{Hz}$，还包含与遭遇波浪频率成 n 倍关系的成分($n = 2, 3, 4, 5$)，分别对应船体梁第一阶～第五阶谐振频率。这些倍频成分便是规则波下船体梁非线性波激振动造成的，其中 $n = 5$ 时的频率，$\omega_{wave} = 5.0 \text{ Hz}$ 和该工况下船体一阶垂向弯曲振动频率 $f_{\text{2-node}}$ 重合，所以五阶谐振的幅值较大。若要得到每阶谐振的幅值，可以对原始垂向弯矩时间历程信号进行带通滤波(图 5-11)。通常与遭遇频率相近的一阶谐振是比较稳定的，这是由于试验遭遇频率下的波浪是比较稳定的。由于其响应对波浪频率和波幅都较敏感，其他高阶谐振则略有波动。滤波后每阶响应平均幅值可以作为响应幅值。

同时，可以通过不同带宽的带通滤波器对响应时间历程曲线进行分析，找出高阶谐振及其相互耦合叠加的影响。以船中垂向弯矩为例，可以采用低通滤波的

方法获得每阶谐振之间叠加影响,分别设置低通上限频率为 $1.5\omega_e$、$2.5\omega_e$、$3.5\omega_e$、$4.5\omega_e$、$5.5\omega_e$,这样可以分别得到包含一阶、二阶、三阶、四阶、五阶谐振的合成响应。如图 5-12 所示,图中给出了各阶倍频低通滤波后的船中合成弯矩,还给出了按波浪频率(< 3.0Hz)取出的跨零极值,其中的极大值和极小值的平均值可以分别作为中拱和中垂弯矩幅值。可以看出,各阶谐振对弯矩都有贡献,且并不是只有谐振频率等于船体二节点垂向振动频率时有波激振动贡献。

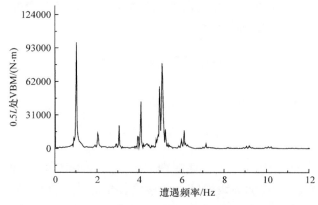

图 5-10　130m 江海直达船在规则波中的垂向弯矩频谱图

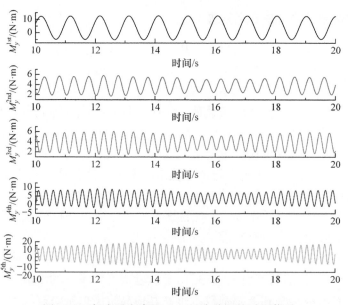

图 5-11　船中垂向弯矩一～五阶谐振的时历信号

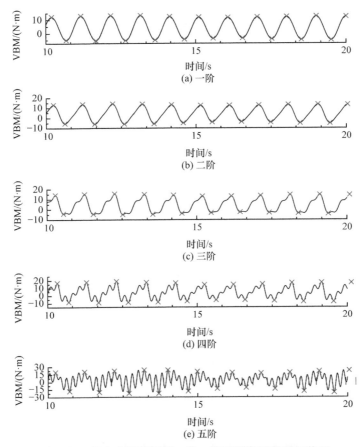

图 5-12　船中合成弯矩第一阶～第五阶谐振的时历信号

5.5.4　不规则波中超越概率分析

　　针对不规则波试验结果,可采用带通滤波方法获得结构响应的超越概率函数。某江海直达船在不规则波中以 18kn 航速航行时,船中波频垂向弯矩和合成垂向弯矩的时间历程曲线如图 5-13 所示,将低通截断频率取在刚好大于波浪频率而小于船体二节点垂向振动湿频率。这样可以得到没有高频波激振动和鞭击振动影响的响应结果。将截断频率值提高,可以得到包含高频成分的响应结果。同时,分别在原始时间历程曲线和带通滤波后的曲线中找出波频垂向弯矩和合成弯矩的跨零极值点(含正负极值点)。这样船体垂向中拱(垂)弯矩的极值统计特性可以表述为超越概率曲线(图 5-14)。然后,对得到的极值点采用双参数韦布尔分布(Weibull distribution)来拟合,c 和 s 分别表示型参数和尺度参数,$c = 1.0$ 时呈指数分布,$c = 2.0$ 时呈瑞利分布(Rayleigh distribution)分布,用来预估线性系统的响应极值。参数 c 可以反映极值的非线性程度。

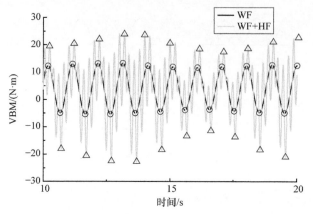

图 5-13　江海直达船在不规则波试验中船中弯矩响应时间历程曲线

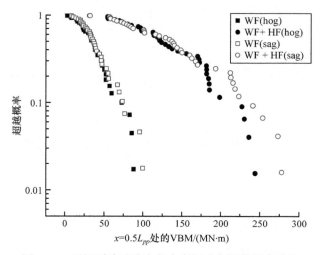

图 5-14　不规则波试验中船中弯矩响应超越概率分布

　　根据海浪资料，在短时间内(数小时)，海浪波面升高可认为是均值为零的正态随机过程，波幅峰值服从瑞利分布。因此，作为船体-波浪线性系统的随机输出，波浪载荷在短时间内也服从零均值正态分布。其幅值遵循瑞利分布特性。对于波浪弯矩，其幅值 M 的概率密度为

$$\Pr(M) = \frac{2M}{R} \exp\left(-\frac{M^2}{R}\right) \tag{5-39}$$

其中，R 为波浪弯矩的方差。

　　根据瑞利分布特性，波浪弯矩超越某一指定值的超越概率为

$$\Pr(x \mid R) = \exp\left(-\frac{x^2}{2R}\right) \tag{5-40}$$

5.5.5　试验不确定性

1. ITTC 推荐执行标准

国际船模拖曳水池会议(International Towing Tank Conference，ITTC)为了保障试验水池完成的试验具有较高的质量，给出了系列试验设计与操作的推荐执行标准。ITTC 试验执行标准如表 5-11 所示。

表 5-11　ITTC 试验执行标准

要求参数	ITTC 推荐值	本试验值
最小采样频率/Hz	≥4.0	90
各工况试验间隔/min	≥20	>20
池壁阻塞效应波浪频率阀值 ω_{limit} /Hz	3.52(F_r=0.173) 3.26(F_r=0.202) 3.04(F_r=0.231) 2.87(F_r=0.260)	$0.8 < \omega < 2.3$
规则波波长范围	$0.5L_{pp} < \lambda < 2.0L_{pp}$	$0.2L_{pp} < \lambda < 2.0L_{pp}$
规则波波高与波长比(H/λ)	0.02	$0.01 < H/\lambda < 0.1$
规则波中遭遇波数	最少数 50； 标准数 100； 较好数 200	110±11
频谱分析截断频率	$> 2\omega_p$ (ω_p为波浪频率)	$2.10\,\omega_p$

试验中的大多数操作都是按 ITTC 推荐步骤和参数执行的。唯一有偏差的是模型尺寸和水池宽度的比值略有影响，造成阻塞效应。对于船长和水池宽度的限定，ITTC 给出了造成阻塞效应的波浪频率阀值 ω_{limit}，即

$$\omega_{limit} = \frac{B_{TANK}/L_{pp}}{F_R\sqrt{L_{pp}/g}} \tag{5-41}$$

试验中的波浪频率为 0.8～2.3Hz，因此存在一定的阻塞效应。

2. 不确定度

通常不确定度由统计不确定度和系统不确定度组成。前者由试验测量精度和相同条件下不同工况试验测量值的重复性决定，后者由系统误差、标定、测试设备固有偏差等的累计误差决定。

对于采用相同采集仪器完成的 N 次重复试验的不确定度分析，假设其结果满足高斯分布并按下式计算，即

$$U_{\overline{r}} = \sqrt{B_r^2 + P_{\overline{r}}^2} \tag{5-42}$$

$$\overline{r} = \frac{1}{N}\sum_{i=1}^{N} r_i \tag{5-43}$$

$$S_r = \sqrt{\frac{1}{N-1}\sum_{i=1}^{N}(r_i - \overline{r})^2} \tag{5-44}$$

其中，B_r 为系统误差；$P_{\overline{r}}$ 为精度误差；$\overline{r}$ 为测量真值的平均值；S_r 为标准差。

由此可知，系统平均值的标准差为 $S_{\overline{r}} = S_r/\sqrt{N}$，精度差为 $P_{\overline{r}} = 2S_{\overline{r}}$。

由表 5-12～表 5-14 可知，速度、波浪波幅、频率的不确定度较小，可以保证试验结果的准确性。

表 5-12　模型速度不确定度

参数	符号	模型速度/(m/s)			
目标值	—	1.091	1.273	1.455	1.637
样本数	W	10	10	10	10
平均值	$\overline{r}$	1.096	1.267	1.453	1.636
标准差	S_r	0.028	0.027	0.025	0.031
精度误差	P_r	0.018	0.017	0.016	0.020
系统误差	B_r	0.005	−0.006	−0.002	−0.001
不确定度	$U_{\overline{r}}$	0.018	0.018	0.016	0.020

表 5-13　规则波浪波幅不确定度

参数	符号	波幅/mm			
目标值	—	80	90	100	110
样本数	W	10	10	10	—
平均值	$\overline{r}$	74.571	78.264	89.279	100.769
标准差	S_r	14.866	12.958	15.024	15.029
精度误差	P_r	9.402	8.195	9.502	9.505
系统误差	B_r	−5.429	−11.736	−10.721	−9.231
不确定度	$U_{\overline{r}}$	10.857	14.314	14.326	13.250

表 5-14　规则波频率不确定度

参数	符号	频率/Hz									
目标值	—	6.581	5.916	5.026	4.352	4.103	3.893	3.712	3.553	3.178	2.752
样本数	W_0	8	8	8	8	8	8	8	8	8	8
平均值	$\bar{r}$	6.552	5.888	5.015	4.355	4.115	3.897	3.711	3.538	3.161	2.690
标准差	S_r	0.015	0.013	0.024	0.010	0.014	0.013	0.014	0.007	0.020	2.690
精度误差	P_r	0.010	0.008	0.015	0.007	0.009	0.009	0.009	0.005	0.013	0.010
系统误差	B_r	−0.028	0.028	−0.010	0.002	0.012	0.005	0.000	−0.015	−0.018	−0.063
不确定度	U_r	0.029	0.029	0.018	0.007	0.015	0.010	0.009	0.016	0.022	0.063

5.6　试验结果分析

5.6.1　静水试验结果分析

　　船体在水中振动的湿固有频率对结构响应的影响较大,通常采用静水试验完成。将船模静置在水池中,通过锤击船体激起船体的振动,测量船体梁的垂向振动频率。江海直达船静水试验如图 5-15 所示。通过试验可以测得船体梁 $0.25L_{pp}$ 处(M_{v1} 测点)的剖面弯矩衰减曲线,将原始响应衰减时间历程曲线进行快速傅里叶变换(fast Fourier transform,FFT)可得船体梁振动响应频率分布,如图 5-16 所示。

图 5-15　江海直达船静水试验

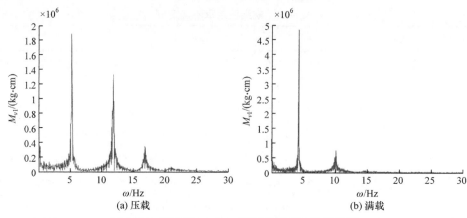

图 5-16　船体梁 $0.25L_{pp}$ 处剖面弯矩响应频谱图

可以看出，船体梁在压载和满载状态下的垂向振动响应主要集中在前三阶固有频率范围附近，尤其是前二阶内。三阶频率之后迅速衰减。从图中获取模型在压载吃水状态下前三阶振动湿固有频率，并转换为相应的圆频率。船模和实船的前三阶垂向振动湿频率如表 5-15 所示。

表 5-15　船模和实船的前三阶垂向振动湿频率

工况		固有湿频率/Hz			固有湿圆频率/(rad/s)		
		一阶(2-node)	二阶(3-node)	三阶(4-node)	一阶(2-node)	二阶(3-node)	三阶(4-node)
模型	压载	5.16	11.89	17.02	32.42	74.71	106.94
	满载	4.28	10.01	—	26.89	62.89	—
实船	压载	0.912	2.102	3.009	5.731	13.204	18.906
	满载	0.756	1.769	—	4.7534	11.116	—

5.6.2　规则波试验结果分析

1. 响应传递函数

规则波中的试验主要是为了获得船舶在波浪作用下的运动和响应的频率响应函数，包括幅值响应算子 RAOs，以及相应的相位响应函数。在线性理论的假定下，根据规则波试验得到的响应幅值算子 RAOs，可以预报任意海况下船舶在不规则波中的水动力性能和结构响应。为了表述江海直达船水动力性能和结构响应规律，这里只取部分工况试验结果进行说明。令传递函数横坐标为遭遇频率 ω_e(单位：rad/s)，纵坐标分别为运动响应幅值算子(pitch/heave RAOs)和弯矩响应幅值算子(VBM RAOs)。对于弯矩响应，WF 表示波浪频率引起的波浪弯矩，HF

表示弯矩响应中的高频成分，包括由二阶速度势和局部波浪升高造成的高阶谐振响应(或称波激振动响应)，以及局部砰击(底部砰击或舷外飘砰击)造成的砰击颤振响应。图 5-17 和图 5-18 分别为江海直达船分别在压载和满载工况下规则波试验过程。

图 5-17　江海直达船压载工况下规则波试验过程

图 5-18　江海直达船满载工况下规则波试验过程

2. 运动响应

江海直达船在压载状态下以不同航速迎浪航行时，其升沉和纵摇运动响应传递函数如图 5-19 所示。由此可知，航速对江海直达船运动响应幅值的影响较小，并且都在其波浪遭遇频率(ω_e=5.0rad/s)有一峰值，随遭遇频率的增大而迅速减小。图 5-20 为江海直达船压载状态，以 14kn 航速在不同浪向和浪高工况下的纵摇运动响应传递函数。由此可知，浪向对运动响应幅值的影响较大，120°斜浪工况运动幅值约为 180°迎浪工况下运动幅值的两倍。浪高对运动响应幅值的影响较小，不同波幅情况下的运动幅值基本相同。

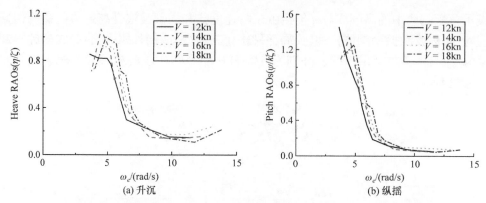

图 5-19　江海直达船压载状态下升沉与纵摇运动响应传递函数(H=2.5m，β=180°)

如图 5-20 和图 5-21 所示，压载状态下的运动幅值远大于满载状态下的运动响应幅值，特别是在较小遭遇频率下，两者差值较为明显。这也意味着，压载状态下的江海直达船遭受非线性载荷的几率和量值都比满载状态的大，因为在大幅长峰波中，船体运动主要受非线性力的影响。因此，研究船体波激振动和砰击颤振响应时，更多地考虑压载状态下的结构响应。

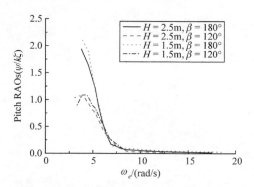

图 5-20　江海直达船压载状态纵摇运动响应传递函数(V=14kn)

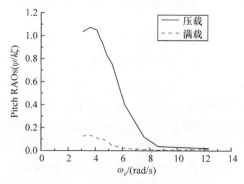

图 5-21　江海直达船纵摇运动响应传递函数(V=14kn，β=120°，H=2.5m)

3. 弯矩响应

江海直达船压载状态以 14kn 航速迎浪航行时,位于船舶 $x = 0.25L_{pp}$、$x = 0.5L_{pp}$ 和 $x = 0.75L_{pp}$ 处的垂向弯矩中垂响应传递函数如图 5-19 所示。从图中可以很明显看到高阶谐振的影响,且船中处($x = 0.5L_{pp}$)最大,约为艏($x = 0.25L_{pp}$)、艉处($x = 0.75L_{pp}$)弯矩响应幅值的两倍。高阶谐振响应引起的峰值大概在遭遇频率 $\omega_e = 6.35\text{rad/s}(\lambda/L=0.9)$ 和 $\omega_e=10.65\text{rad/s}(\lambda/L = 0.433)$ 附近,有较为明显的峰值,并且两个频率刚好分别对应船体垂向二节点振动湿频率($f_{2\text{-node}} = 32.42\text{rad/s}$)的 1/5、1/3。对于其他遭遇频率,也不难看出高频响应为结构总响应的主要贡献,特别是遭遇频率 $\omega_e > 8.0\text{rad/s}(\lambda/L \leqslant 0.8)$ 时,结构高频响应量值基本和总响应值相当。可见,船体梁在波长较小的波浪中易发生非线性波激振动现象。

在压载迎浪航行情况下,弯矩响应峰值最大工况($\lambda/L=0.433$)的船中垂向弯矩响应频谱图如图 5-22 所示。不同位置垂向弯矩响应传递函数如图 5-23 所示。压载航行时船中垂向弯矩时间历程曲线如图 5-24 所示。该工况下的船体垂向二节点弯曲模态的湿频率为 5.0Hz,遭遇波浪频率约为 1.66Hz。前者为后者的三倍,这样的倍频影响造成船体梁的高阶谐振,是典型的波激振动特征。表 5-16 给出了江海直达船在压载迎浪航行($V = 14\text{kn}$,$\beta = 180°$,$H = 2.5\text{m}$)情况下,船中垂向弯矩响应的中拱和中垂值(换算为实船值),包括波频、高频和合成弯矩响应幅值。在该工况下,船中高频弯矩幅值可以达到波浪弯矩近十倍。对于这种可能由高阶波激振动和砰击引起砰击颤振组合而成的高频弯矩,在结构设计中要予以足够的重视。通常认为,小波长波浪中易发生波激振动,大波长波浪高航速中易发生砰击颤振,但是在实际航行中,这两种振动是耦合在一起的。船体结构阻尼较小时,砰击引起的砰击颤振响应衰减幅度较小,会加大区分两种振动响应的难度。

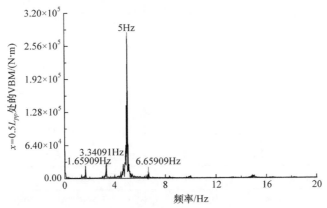

图 5-22　压载航行时船中垂向弯矩响应频谱图($V = 14\text{kn}$,$\beta = 180°$,$H = 2.5\text{m}$,$\lambda/L = 0.433$)

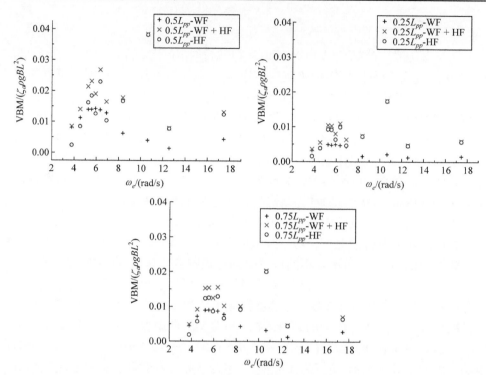

图 5-23　江海直达船(压载)不同位置垂向弯矩响应传递函数($V = 14$kn，$\beta = 180°$，$H = 2.5$m)

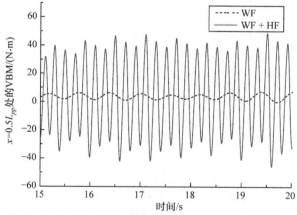

图 5-24　压载航行时船中垂向弯矩时间历程曲线($V = 14$kn，$\beta = 180°$，$H = 2.5$m，$\lambda/L = 0.433$)

表 5-16　船中垂向弯矩值($V = 14$kn，$\beta = 180°$，$H = 2.5$m)

λ/L	波浪弯矩/(MN·m)		合成弯矩/(MN·m)		高频成分/(MN·m)		高频/波频
	中拱	中垂	中拱	中垂	中拱	中垂	
0.2	9.95	53.03	114.75	158.17	114.32	149.02	2.81
0.35	1.55	15.81	69.94	85.39	69.92	83.92	5.31

续表

λ/L	波浪弯矩/(MN·m)		合成弯矩/(MN·m)		高频成分/(MN·m)		高频/波频
	中拱	中垂	中拱	中垂	中拱	中垂	
0.433	2.50	44.24	364.93	424.13	364.92	421.81	9.53
0.6	22.65	64.80	126.50	185.70	124.46	174.03	2.69
0.8	49.32	134.51	104.28	172.89	91.88	108.62	0.81
0.9	58.52	143.85	212.91	278.66	204.71	238.66	1.66
1	58.77	145.37	156.57	194.10	145.12	128.61	0.88
1.1	55.71	140.95	165.22	232.95	155.54	185.47	1.32
1.2	50.51	142.12	130.48	217.74	120.31	164.96	1.16
1.5	27.87	108.60	67.65	136.03	61.64	81.92	0.75
2	9.49	86.09	18.82	89.83	16.25	25.65	0.30

图 5-25 和图 5-26 为江海直达船压载和满载状态下以 14kn 航速斜浪($\beta = 120°$，$H = 2.5\text{m}$)航行时，分别位于船舶 $x = 0.25L_{pp}$、$x = 0.5L_{pp}$ 和 $x = 0.75L_{pp}$ 处的垂向弯矩响应传递函数。由此可知，满载状态下弯矩响应沿船长分布和压载状态一样，船中最大两端较小，且幅值比压载状态小。同时，在满载的弯矩响应幅值中，波浪弯矩占主要成分，尤其是在艏艉 1/4 船长处。当江海直达船满载时，吃水增加，船底的波浪动压力随之减小，波浪载荷作用也随之减小。这说明，压载比满载状态更容易受到高频弯矩的影响。

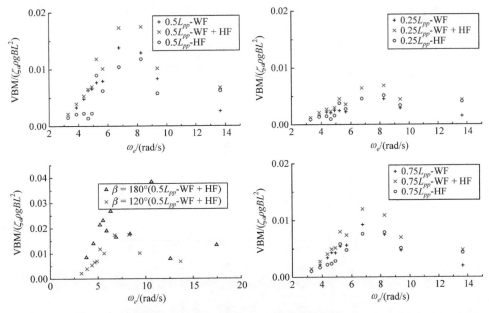

图 5-25　江海直达船(压载)不同位置垂向弯矩响应传递函数($V = 14\text{kn}$，$\beta = 120°$，$H = 2.5\text{m}$)

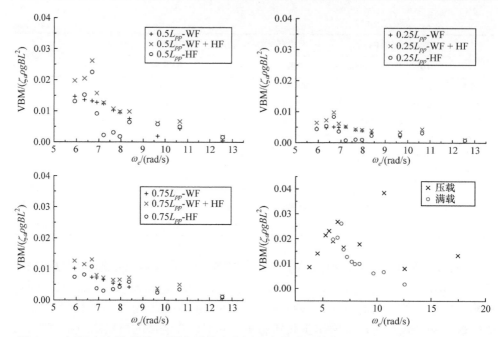

图 5-26　江海直达船(满载)不同位置垂向弯矩响应传递函数($V = 14$kn，$\beta = 180°$，$H = 2.5$m)

　　船舶在有航速时遭遇的波浪频率比零航速越大，越容易接近船体梁二节点垂向振动湿频率，发生高阶谐振的概率越大。如图 5-27 所示，零航速时的船中弯矩响应幅值远小于最大航速时的弯矩响应值，波长船长比(λ/L)越小，两者差值越大，且在 $\lambda/L = 0.433$ 时，两者的差值甚至超过 30 倍。在同航速不同浪高情况下，船

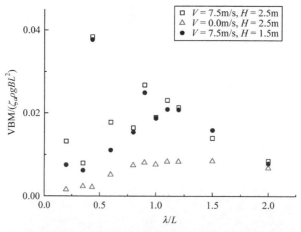

图 5-27　压载工况下不同航速不同浪高船中垂向弯矩传递函数($\beta = 180°$)

中弯矩响应幅值大小和对应波长基本一致。这说明，航速对高频弯矩影响较大，特别是遭遇小波长引起的波激高阶谐振。对于波高而言，在压载状态，其对高频弯矩响应的影响较小。

　　试验还测试了船体梁规则波中的横向水平弯矩(horizontal bending moment，HBM)和扭矩(torsional moment，TM)。如图 5-28 所示，在迎浪情况下，虽然水平弯矩和扭矩峰值对应的遭遇频率和垂向弯矩一致，但是其幅值远小于垂向弯矩，相差一个数量级。在斜浪情况下，水平弯矩陡增，其幅值大概是迎浪工况下的 3倍。总的说来，水平弯矩和扭矩的量值都远小于垂向弯矩响应幅值。同时，对于我们重点研究的砰击颤振和波激振动，它们对垂向弯矩的影响更大，对水平弯矩和扭矩的影响较小，因此下面重点研究江海直达船垂向弯矩响应的特性。

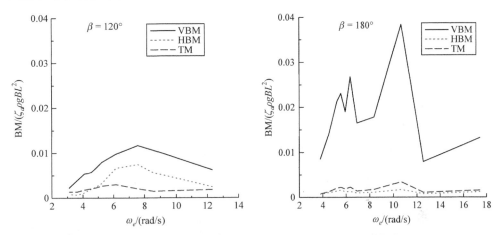

图 5-28　压载状态不同浪向下船中垂向弯矩、横向水平弯矩和扭矩传递函数($V = 14$kn，$H = 2.5$m)

4. 规则波试验中结构响应成分分析

　　通过前面的试验结果可知，江海直达船在压载状态下迎浪航行时，其船中垂向弯矩具有较强的非线性。其弯矩响应中的高频成分甚至可以达到波频成分的 10倍左右。高频弯矩主要由波浪引起的船体波激高阶谐振和砰击引起的砰击颤振组成，我们采用 5.5.3 节介绍的方法对规则波试验中的船中弯矩响应进行带通滤波分析，分别得到结构响应中波浪弯矩、一阶至五阶波激谐振弯矩，通过波激振动和砰击颤振识别方法得到砰击引起的砰击颤振弯矩成分。通过对江海直达船压载状态下进行不同航速、不同浪高、不同波频下的规则波试验，得到江海直达船非线性波激振动和砰击颤振响应特性。

　　图 5-29～图 5-32 分别为江海直达船在压载状态迎浪航行时，不同航速下的船中垂向弯矩响应值，其中 WF 为对应波浪遭遇频率 ω_{wave} 范围内的弯矩响应成分，2nd、3rd、4th、5th 为包含与波浪遭遇频率成分成倍数关系的高阶谐振频率

成分。这些倍频成分是船体梁发生波激谐振的主要来源。Whipping 表示由船体砰击颤振成分，反映瞬态砰击作用对总振动的贡献。

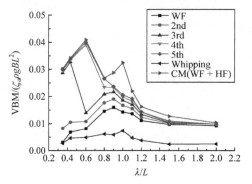

图 5-29　江海直达船船中垂向弯矩响应
($V = 12\text{kn}$，$\beta = 180°$，$H = 2.5\text{m}$)

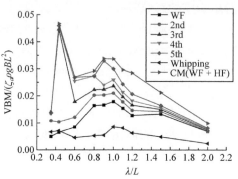

图 5-30　江海直达船船中垂向弯矩响应
($V = 14\text{kn}$，$\beta = 180°$，$H = 2.5\text{m}$)

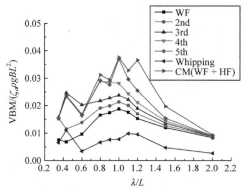

图 5-31　江海直达船船中垂向弯矩响应
($V = 16\text{kn}$，$\beta = 180°$，$H = 2.5\text{m}$)

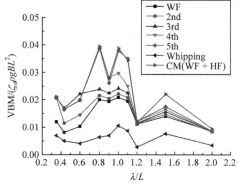

图 5-32　江海直达船船中垂向弯矩响应
($V = 18\text{kn}$，$\beta = 180°$，$H = 2.5\text{m}$)

1) 波激振动成分

由图 5-29 可知，航速 12kn 时，在小波长范围内 ($\lambda/L \leqslant 0.8$)，波激振动影响较为明显，包含 5 倍波频内的高阶波激谐振弯矩响应幅值基本与合成弯矩响应幅值相当。在高阶谐振响应中，当 $\lambda/L \leqslant 0.5$ 时，3 倍遭遇波浪频率(up to 3rd)的 2 阶谐振贡献较大；当 $\lambda/L \geqslant 0.6$ 时，高阶谐振弯矩响应主要受 4 倍遭遇波浪频率的 3 阶谐振影响，并在 $\lambda/L = 0.6$ 时，3 阶谐振幅值的陡增使合成弯矩响应达到峰值。随着遭遇波浪波长的增大 ($\lambda/L > 0.8$)，各阶谐振都对总弯矩响应有影响，且影响量值差不多，但是波长越大，高阶谐振影响越小。

同样，从图 5-29～图 5-32 可以看出，更高航速下垂向弯矩响应中各阶波激振动响应的影响规律和低速时大致相同,即波长越小,波激振动对合成弯矩响应的贡献越大。随着航速的增大,影响合成弯矩响应峰值的波激振动成分略有区别。航速越高,高阶谐振(4th、5th 倍频)的影响越大。在 $0.6 \leqslant \lambda/L \leqslant 1.2$ 范围内,一阶(2nd 倍频)、二阶(3rd 倍频)弯矩响应成分和波频弯矩量值相当,并且基本不随航速变化。随着波长变长,高阶谐振(4th、5th 倍频)弯矩的影响增大并起主要作用。同时,航速增大对高阶谐振弯矩的相位也有影响。

在 $\lambda/L = 0.6$ 的工况中,合成弯矩响应幅值小于包含前 2 阶谐振弯矩响应幅值,说明 3 阶、4 阶谐振由于相位差减小了合成弯矩的响应幅值。

为了进一步说明波激振动弯矩对合成弯矩的影响,分别以江海直达船迎浪航行 $(V = 14\text{kn}, \beta = 180°)$,遭遇不同波长 $(\lambda/L = 0.433、1.0, H = 2.5\text{m})$ 时的弯矩响应成分进行说明。表 5-17 为船中垂向弯矩的不同频率成分,表中的弯矩值已换算到实船值。由表可知,各阶谐振对垂向弯矩响应都有影响。其中,波长较小 $(\lambda/L = 0.433)$ 时,2 阶谐振的陡增使合成弯矩值迅速增大,而 3、4 阶谐振引起的响应幅值增值较少,包含 1~4 阶波激谐振的合成弯矩响应幅值达到波浪弯矩响应幅值的 7.05 倍,波激振动响应的作用不容忽视。对波长较长 $(\lambda/L = 1.0)$ 的情况,波浪弯矩响应幅值增大,各阶波激谐振响应对合成弯矩贡献较短波减小,并且各阶贡献比较均衡,包含各阶谐振的波激振动响应幅值仍然达到波频的 1.67 倍。其影响同样不能忽略。传统上,对于波激振动产生的条件有不同的意见,有学者认为,遭遇频率等于船体梁二节点振动湿频率时才会有波激振动发生;还有学者认为,只要遭遇频率及其倍数频与二节点振动湿频率近似,也会激起船体波激振动。显然,对于江海直达船,其非线性波激振动现象非常明显,在遭遇波浪频率及倍数频对应的各阶谐振响应都对船体结构响应有较大影响。

表 5-17　船中垂向弯矩不同频率成分

低通频率范围	包含成分	$\lambda/L = 0.433$		$\lambda/L = 1.0$	
		垂向弯矩 /(MN·m)	与波频弯矩的比值	垂向弯矩 /(MN·m)	与波频弯矩的比值
$\leqslant 1.5\omega_e$	波频弯矩	69.00	1.00	189.31	1.00
$\leqslant 2.5\omega_e$	波频、1 阶谐振	109.60	1.59	221.85	1.17
$\leqslant 3.5\omega_e$	波频、1 和 2 阶谐振	472.96	6.85	250.15	1.32
$\leqslant 4.5\omega_e$	波频、1~3 阶谐振	484.09	7.02	274.21	1.45
$\leqslant 5.5\omega_e(=f_{2\text{-node}})$	波频、1~4 阶谐振	486.21	7.05	317.04	1.67
—	合成弯矩	494.48	7.17	356.36	1.88

在不同航速规则波试验中，航速 $V = 14$kn 迎浪工况下，遭遇波浪 $\lambda/L = 0.433$ 时的波激振动响应值最大。在此情况下，进行不同浪高的规则波试验，可以得到船中弯矩波激振动各阶谐振的响应值(图 5-33)。由此可知，浪高的变化对波激振动各阶谐振的影响较小，波激振动对波高变化不敏感。

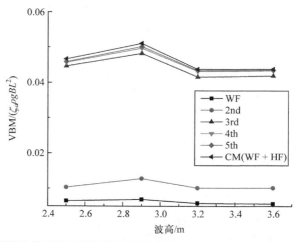

图 5-33　不同波高下船中各阶波激弯矩响应($V = 14$kn，$\beta = 180°$，$\lambda/L = 0.433$)

2) 砰击颤振

在规则波试验过程中，可以观测到非常明显的砰击现象，包括底部砰击和外飘砰击，如图 5-34 所示。同时，通过对结构响应测试数据的分析，也印证了砰击引起的砰击颤振响应的存在及其影响。以江海直达船在 14kn 航速迎浪航行为例，当遭遇波长比 $\lambda/L = 1.2$ 时，船体发生较为严重的砰击。

图 5-34　江海直达船规则波试验中砰击现象

如图 5-35 所示，在船首底部砰击(P1、P2)和外飘有明显的波浪砰击(P3～P5)作用；在砰击压力峰值对应的时刻，船体梁垂向弯矩结构响应出现陡增；通过分离高频信号，可以得到垂向弯矩响应时间历程曲线。其响应峰值发生时刻与砰击压力峰值一一对应，具有较强的衰减性，可以定义为砰击颤振。不难看出，砰击颤振响应峰值与外飘上压力测点 P4、P5 测得的砰击压力峰值的相位对应的更准确。这说明，江海直达船外飘砰击是直接导致船体发生砰击颤振的主要原因。试验发现，外飘砰击比底部更为剧烈，也印证了这一判断的准确性。

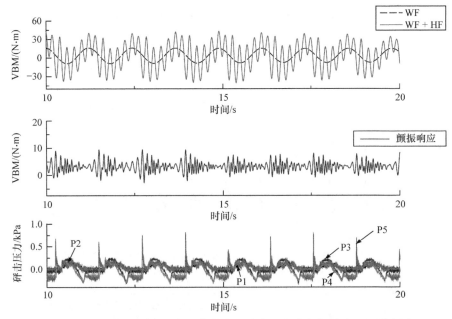

图 5-35　船中弯矩波频响应、合成弯矩响应、砰击颤振响应和砰击压力
时间历程曲线($V = 14\text{kn}$，$\beta = 180°$，$H = 2.5\text{m}$，$\lambda/L = 1.2$)

此外也可以明显发现，部分工况合成弯矩响应峰并不完全是波激振动和波浪弯矩，砰击颤振响应也占比较大的比重，如 12kn、14kn、16kn 航速时对应的 $\lambda/L = 1.0 \sim 1.5$ 工况，18kn 航速时 $\lambda/L = 1.5$ 的工况。

图 5-36～图 5-39 分别给出了江海直达船压载状态不同航速、不同波长工况下，砰击颤振、波激振动和波频弯矩在合成弯矩中所占比重。由此可知，随着波长逐渐增大，砰击引起的砰击颤振弯矩所占比重也随之增大，而波激振动所占比重逐渐减小。这是小波长容易发生波激振动，大波长时更容易发生砰击造成的结果。虽然在部分航速(14kn 和 16kn)的小波长($\lambda/L = 0.35$)工况，出现砰击颤振弯矩比重超过40%的情况，与上述规律不符，但是因为小波长情况下时波频弯矩和合成弯矩量值都较小，轻微砰击引起的砰击颤振弯矩会达到波频弯矩的等级，使砰击颤振弯矩相对较大。同时，通过不同速度下的弯矩响应比较，可以发现航速越高，砰击弯矩所占比重越大，波激振动弯矩所占比重越小。在该迎浪的工况($\beta = 180°$，$H = 2.5\text{m}$)中，砰击引起的砰击颤振弯矩占合成弯矩的 20%～35%，是波浪弯矩的 50%～100%。因此，砰击弯矩在结构响应中的影响也是不能忽略的。

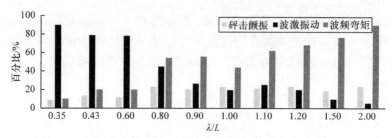

图 5-36　江海直达船船中垂向弯矩各主要成分占合成弯矩比重

($V = 12$kn，$\beta = 180°$，$H = 2.5$m)

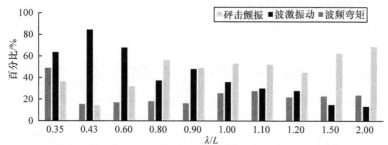

图 5-37　江海直达船船中垂向弯矩各主要成分占合成弯矩比重

($V = 14$kn，$\beta = 180°$，$H = 2.5$m)

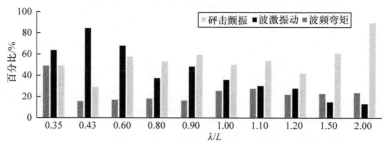

图 5-38　江海直达船船中垂向弯矩各主要成分占合成弯矩比重

($V = 16$kn，$\beta = 180°$，$H = 2.5$m)

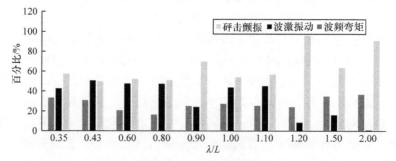

图 5-39　江海直达船船中垂向弯矩各主要成分占合成弯矩比重

($V = 18$kn，$\beta = 180°$，$H = 2.5$m)

　　试验还进行了不同浪高的规则波试验，得到船中波频、砰击颤振和合成弯矩响应，如图 5-40 所示。由此可知，随着浪高增大，砰击引起的砰击颤振随之减小，但是减小的幅度不大，砰击颤振同样对波高变化不敏感。

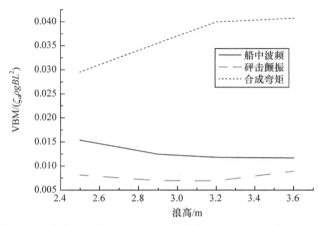

图 5-40　不同浪高下船中波频、砰击颤振和合成弯矩响应($V = 14\text{kn}$，$\beta = 180°$，$\lambda/L = 1.2$)

5. 结构响应中波频和高频成分相关性分析

　　通过结构响应中波频和高频成分相关性分析方法，对航速 12kn、14kn、16kn、18kn 中垂向弯矩响应峰值对应工况进行相关性分析，极值工况的高频弯矩响应与波频弯矩响应相关关系如图 5-41 所示。图中，"×"表示规则波试验中包括中拱和中垂的弯矩响应跨零峰值。

　　如表 5-18 所示，航速 14kn 工况中相关性系数较小，说明高频弯矩与波浪弯矩间的相关性较小。该工况为试验中弯矩响应值最大的工况，波激振动和砰击颤振影响都较大，并且两者间存在耦合作用，使整个高频弯矩响应呈较强的非线性，与波频弯矩响应的相关性较小。一般认为，相关性系数在 0.3～0.6 时，两种参量之间具有较好的相关性，因此对其他三个工况而言，高频弯矩响应与波频弯矩响应具有较好的相关性，并且中拱状态相关性要好于中垂状态。这一结论与 Zhu 等[146] 的试验结果较为相符，与 Baarholm 等[147]的数值仿真结果相反。他们认为，中垂状态下高频弯矩与波频弯矩相关性要大一些。由于试验得到的峰值样本数组有限，因此在相关性分析时得到的相关性系数波动会较大，单凭相关系数判定高频弯矩对中拱、中垂弯矩的影响是不完善的。因此，高频弯矩对中拱、中垂弯矩的响应仍然需要进一步的研究和探讨。

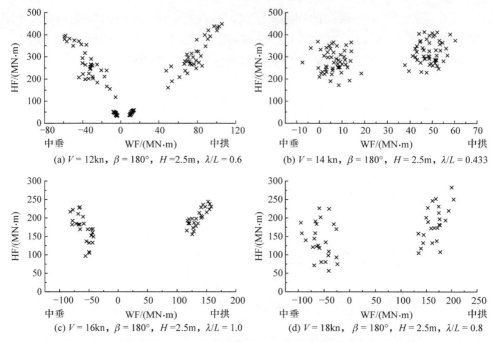

图 5-41　各航速中极值工况的高频弯矩响应与波频弯矩响应相关关系

表 5-18　垂向弯矩中高频弯矩与波频弯矩的相关性

工况	中拱	中垂
$V = 12$kn, $\beta = 180°$, $H = 2.5$m, $\lambda/L = 0.6$	0.885	0.833
$V = 14$kn, $\beta = 180°$, $H = 2.5$m, $\lambda/L = 0.433$	0.210	0.028
$V = 16$kn, $\beta = 180°$, $H = 2.5$m, $\lambda/L = 1.0$	0.807	0.659
$V = 18$kn, $\beta = 180°$, $H = 2.5$m, $\lambda/L = 0.8$	0.448	0.414

5.6.3　不规则波试验结果

1. 弯矩响应试验结果

　　在不规则波试验中，为了保证有足够的样本数对波浪、结构响应和运动响应作统计分析，将每个试验要求的工况分为多个同等条件的子工况，测得的试验结构构成该工况的子样本，将多个子样本合并，然后进行统计分析，得到较为可靠的响应结果。不规则波试验船中弯矩响应、砰击压力和遭遇波浪测试结果如图 5-42 所示。由此可知，高频弯矩对合成弯矩贡献较大，并且船中弯矩响应中有比较明显的波激振动成分和砰击颤振，其中波激振动响应贡献较大。

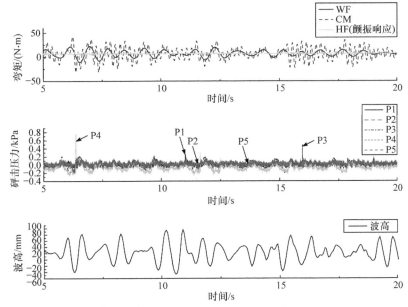

图 5-42　不规则波试验船中弯矩响应、砰击压力和遭遇波浪测试结果

$(H_{1/3} = 2.5\text{m}, \ T_2 = 6.0\text{s}, \ V = 14\text{kn}, \ \beta = 180°)$

江海直达船在不同浪向下各成分垂向弯矩值如图 5-43 所示。可见，高频弯矩对合成弯矩的贡献较大，特别是迎浪情况下，其量值可以达到波浪弯矩的 2 倍左右。斜浪情况下也有高频弯矩成分的影响，但是影响程度比迎浪小，且合成弯矩量值也小于迎浪情况。江海直达船在不同航速下各成分垂向弯矩值如图 5-44 所示。航速从 12kn 增加到 14kn 时，波浪矩的变化不大，但是其高频弯矩增幅明显，14kn 时的高频弯矩是 12kn 时的 1.5 倍，说明高频弯矩对航速比较敏感。

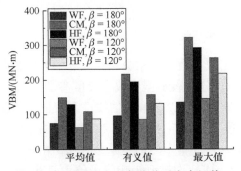

图 5-43　不同浪向下各成分垂向弯矩值

$(V = 14\text{kn}, \ H_{1/3} = 2.5\text{m}, \ T_2 = 6.0\text{s})$

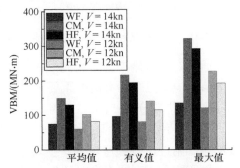

图 5-44　不同航速下各成分垂向弯矩值

$(V = 14\text{kn}, \ H_{1/3} = 2.5\text{m}, \ T_2 = 6.0\text{s})$

2. 超越概率分析

江海直达船以 14kn 航速迎浪航行于不同有义波高的不规则波时，船中垂向弯矩响应超越概率分布如图 5-45 所示。在波幅 H=2.5m、3.2m、3.8m 的工况中，同一超越概率下的波频中拱弯矩稍大于波频中垂弯矩，并且高频弯矩成分作用的中拱合成弯矩响应增幅也明显大于中垂弯矩，因此中拱合成弯矩也稍大于中垂弯矩响应幅值。随着有义波高的增大，波频中拱和中垂弯矩都略有增大，中拱和中垂合成弯矩增幅明显。特别是，中拱合成弯矩增幅较大，在有义波高 H=3.8m 时，最大中拱合成弯矩达到 450MN·m，接近有义波高 H=2.5m 工况时的 2 倍。

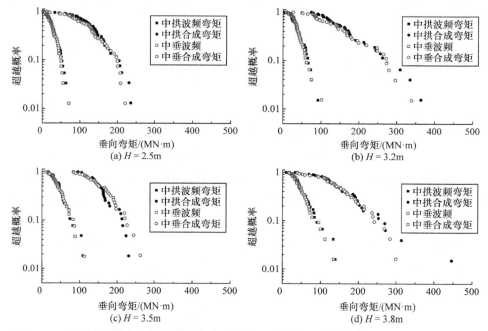

图 5-45　不同有义波高不规则波下船中垂向弯矩响应超越概率分布(V=14kn，β=180°)

通过对超越概率分析得到的极值点采用双参数韦布尔分布来拟合，可以预估其极值响应。拟合中有两个重要系数 c 和 s，分别表示型参数和尺度参数。当 c=1.0 时，呈指数分布；c=2.0 时，呈瑞利分布，可以用来预估线性系统的响应极值。形状参数 c 可以反映极值的非线性程度。如表 5-19 所示，波频弯矩的形状系数都在 2 附近，波频弯矩主要呈瑞利分布；合成弯矩的形状系数在 2.5 左右，并且中拱弯矩分布形状系数大于中垂情况。这说明，中拱弯矩响应极值更具非线性，图 5-45 中的分布规律也可以印证这一观点。

表 5-19　基于韦布尔分布双参数拟合的形状参数 c 和比例参数 s

弯矩成分		$H_{1/3} = 2.5m$		$H_{1/3} = 3.2m$		$H_{1/3} = 3.5m$		$H_{1/3} = 3.8m$	
		c	s	c	s	c	s	c	s
波频弯矩(WF)	中拱	1.87	4.13	2.11	5.42	2.26	6.79	1.96	7.51
	中垂	2.01	4.02	2.25	5.47	2.26	6.76	2.12	7.29
合成弯矩 (WF + HF)	中拱	2.51	17.91	2.51	23.77	4.61	21.30	2.15	22.68
	中垂	2.40	16.86	2.14	21.68	3.79	22.12	2.44	21.52

同样，如图 5-46 所示，随着航速增大，中垂和中拱波频弯矩响应的超越概率分布并没有发生大的变化，并且都是中拱波频弯矩略大于中垂状态。对于合成弯矩，中垂和中拱弯矩响应的概率分布变化较大，航速越高，合成弯矩分布的非线性越强，弯矩极值也随之变大。在较小航速($V = 12$、14kn)时，中拱合成弯矩大于中垂状态；在较高航速($V = 16$、18kn)时，中垂弯矩中高频弯矩增幅较大，使中垂弯矩大于中拱弯矩。其原因可能是，航速对高频弯矩产生影响的结果，在较小航速时，高频弯矩主要来自波激谐振响应，与较少的砰击颤振响应；随着速度增大，船体发生砰击的概率和频率都有提高，砰击产生的砰击颤振响应贡献增大，波激振动贡献减小，而砰击颤振对中垂向弯矩影响较大，因此航速增大时，中垂弯矩增幅较大。

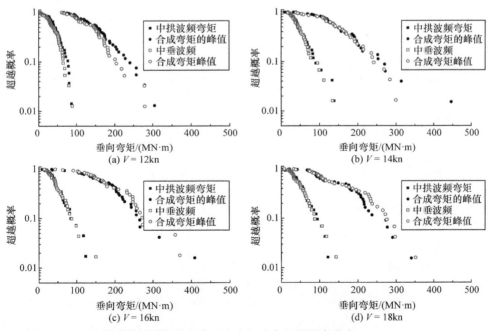

图 5-46　不规则波中不同航速船中垂向弯矩响应超越概率分布($H = 3.8m$，$\beta = 180°$)

5.7　本 章 小 结

　　本章对江海直达船在不同装载状态、不同航速、不同波浪条件下进行规则波和不规则波载荷试验研究，探讨宽扁肥大的江海直达船在规则波和不规则波中砰击颤振和波激振动的发生机理和特性。此外，对如何区分船体梁波激振动和砰击颤振进行了研究，还对高频弯矩与波频弯矩的相关性、弯矩响应极值的超越概率、不确定度等统计特性进行了分析。

第6章　基于水弹性理论的砰击颤振和波激振动响应分析

6.1　概　　述

结构刚度较低的船舶在波浪上航行时，船体结构弹性变形与流体耦合效应随着船体结构弹性的增加，极易发生船体梁稳态共振现象，即波激振动，又称弹振。在恶劣海况环境下，艏部局部结构在出水再入水的过程中，在砰击载荷作用下引起的船体瞬态强迫振动(颤振响应)，而结构刚度较低的宽扁型江海直达船在较高航速航行时，极易遭遇这两种全船高频振动响应叠加耦合作用。传统计算方法采用解耦分布进行计算，首先针对忽略非线性波浪载荷下的刚体结构运动响应进行计算，继而对该强迫运动响应下的弹性船体结构进行非线性载荷计算与结构响应预报。考虑砰击载荷与甲板上浪等非线性载荷、船舶瞬时湿表面的非线性因素，结构弹性变形对非线性波浪载荷和流固耦合的影响，非线性水弹性时域计算方法可以更合理地评估非线性波浪载荷作用下船舶的运动响应、波激振动、砰击颤振响应。

目前，大多数波激振动分析均针对大尺度船舶，极少关注此类宽扁型非常规船型结构。由于较大的宽深比、甲板大开口的结构特征，宽扁型江海直达船的结构刚度较低，并且随着航速的提高，极易产生波激振动现象。除此之外，由于江段航行和海段航行的航线复杂性，以及波浪环境复杂多样，由江入海后艏部极易遭遇砰击载荷，全船整体结构响应在波激振动与颤振响应的叠加作用下更为复杂。因此，在结构设计阶段须考虑波激振动、砰击颤振对极限强度与疲劳损伤的影响。本章基于非线性水弹性时域计算方法编写相关计算程序，在船波相对运动中计及瞬时湿表面非线性的影响，并基于 MLM 提出改进砰击载荷时历模型。考虑砰击载荷等非线性载荷的影响，开展考虑砰击载荷的非线性水弹性时域计算方法研究，提出评估宽扁船型的砰击颤振与波激振动响应评估方法。同时，采用基于 Rankine 面元法的水弹性计算软件进行数值仿真分析，并与试验测试结果进行对比分析，验证考虑砰击载荷的非线性水弹性时域计算方法的有效性和可靠性。继而，对宽扁型江海直达船舶这类刚度较小的非常规船型的非线性波浪载荷与结构安全性进行合理评估。

6.2　船舶非线性水弹性理论

在波浪中航行时，船体会产生弹性变形与振动响应。特别是，较低固有频率的船体结构须采用船舶非线性水弹性理论计算其动力响应。由于在水弹性力学中须考虑水动力、弹性力，以及惯性力的耦合作用，因此需要将水动力学与弹性力学方程耦合求解。在船体非线性水弹性时域理论中，考虑船体在波浪作用下的结构变形，并在流体为无黏、无旋、连续、不可压缩的均质理想流体假定前提下，忽略其流体的表面张力效应及水深的影响。在连续且线弹性前提下进行结构动力学分析，船体在波浪中的非线性水弹性基本方程为

$$(m+A)\ddot{p}_r(t)+(b+B)\dot{p}_r(t)+(k+C)p_r(t)=\{F(t)\} \qquad (6\text{-}1)$$

其中，m、b、k 为船体结构广义质量矩阵、广义阻尼矩阵、广义刚度矩阵，均为 $N \times N$ 对角矩阵；A、B、C 为流体广义附加质量矩阵、广义附加阻尼矩阵、广义流体回复力系数矩阵；$\{F(t)\}$ 为 t 时刻瞬时湿表面的船体波浪激励力；$p_r(t)$ 为 t 时刻下第 r 阶振动模态的主坐标，即 $p_r(t)=\mathrm{Re}\{p_r\mathrm{e}^{\mathrm{i}\omega_e t}\}$。

6.2.1　坐标系描述

本章采用三个坐标系对船舶以航速 V 在波浪中运动时的物理量进行描述。坐标系示意图如图 6-1 所示。在空间坐标系 $Ox_0y_0z_0$ 中，x_0y_0 平面位于初始静水面，oz_0 轴垂直于水面，并且其坐标系固定不动也不随船体运动改变；$oxyz$ 为随船平动坐标系，随船体前进速度移动，平面位于初始静水面，ox 轴位于船体中纵剖面，由船尾指向艏部，oz 轴垂直于水面并过重心处；固船坐标系 $Gx'y'z'$，其原点位于重心 G 处，坐标系与船体一起运动。当船体静止状态时，空间坐标系与随船坐标系重合。

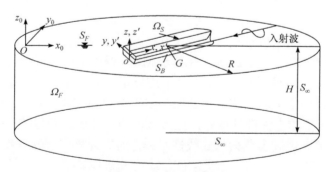

图 6-1　坐标系示意图

根据上述相对定义，通过浪向角 β 可得三个坐标系之间的表达式，即

$$
\begin{bmatrix} x \\ y \\ z \end{bmatrix} = \begin{bmatrix} \cos\beta & \sin\beta & 0 \\ -\sin\beta & \cos\beta & 0 \\ 0 & 0 & 1 \end{bmatrix} \begin{bmatrix} x_0 - Vt\cos\beta \\ y_0 - Vt\sin\beta \\ z_0 \end{bmatrix} \approx \begin{bmatrix} x' \\ y' \\ z' + z_g \end{bmatrix} \tag{6-2}
$$

6.2.2　控制方程及边界条件

对于不可压缩的理想无旋无黏流体，流场中任一点的速度势 $\Phi(x,y,z,t)$ 须满足拉普拉斯方程，即

$$
\left(\frac{\partial^2}{\partial x^2} + \frac{\partial^2}{\partial y^2} + \frac{\partial^2}{\partial z^2} \right)\Phi = 0 \tag{6-3}
$$

由自由表面条件，根据伯努利方程方程 $\dfrac{p}{\rho} = -\dfrac{\partial\Phi}{\partial t} - \dfrac{1}{2}\nabla^2\Phi - gz$，结合自由液面边界处 S_F 的物质导数为零，可得非线性自由表面边界条件，即

$$
\frac{\partial^2\Phi}{\partial t^2} + g\frac{\partial\Phi}{\partial z} + 2\nabla\Phi\cdot\nabla\frac{\partial\Phi}{\partial t} + \frac{1}{2}\nabla\Phi\cdot\nabla(\nabla\Phi\cdot\nabla\Phi) = 0 \tag{6-4}
$$

根据物面边界条件，由不可穿透性可知，瞬时湿表面 S_B 上的流体速度在法向导数与改点处结构物面速度法向导数相同，其物面边界条件为

$$
\frac{\partial\Phi}{\partial n} = n\cdot\nabla\Phi \tag{6-5}
$$

对于无限水深边界 S_∞，其底部边界条件可表示为

$$
\frac{\partial\Phi}{\partial z} = 0 \tag{6-6}
$$

针对无限远处的流域，无限远处的边界条件为

$$
\nabla\Phi = 0 \tag{6-7}
$$

针对满足一阶自由面边界条件的 Airy 波，在随船坐标系下，对于波幅为 ζ_a，波频为 ω，以及波数为 k 的入射波，波面抬高可表示为

$$
\zeta(x,y,t) = \zeta_a\cos[k(x\cos\beta - y\sin\beta) + \omega t] \tag{6-8}
$$

在水深 h 处，空间固定坐标系的速度势可表示为

$$
\Phi(x_0,y_0,z_0,t) = -\frac{g\zeta_a}{\omega}\frac{\cos[k(z_0+h)]}{\cos kh}\sin(kx_0\cos\beta - k\sin\beta - \omega t) \tag{6-9}
$$

不规则波分析可以认为是平稳各态历经的随机过程。根据高斯正态分布特征，不规则波波面抬高可认为是独立随机的规则波集合叠加组成的，即

$$\zeta(x,y,t) = \sum_{i=1}^{n} \zeta_{ai} \cos[k_i(x\cos\beta - y\sin\beta) + \omega_i t + \varepsilon_i] \tag{6-10}$$

因此，不规则波的流体速度势可表示为

$$\Phi(x_0,y_0,z_0,t) = -\sum_{i=1}^{n} \frac{g\zeta_{ai}}{\omega_i} \frac{\cos[k_i(z_0+h)]}{\cos k_i h} \sin(k_i x_0 \cos\beta - k_i \sin\beta - \omega_i t + \varepsilon_i) \tag{6-11}$$

在微幅简谐波的激励下，船体及流场的速度势于随船坐标系下可分解为定常速度势 Φ^S 和非定常速度势 $\tilde{\Phi}$，其中定常速度势为船体于静水中航行时产生的稳态速度势，非定常速度势为入射势 Φ^I、绕射势 Φ^D、辐射势 Φ^R 组成的非稳态速度势。船体在波浪中的总速度势可表示为

$$\Phi(x,y,z,t) = \Phi^S(x,y,z) + \mathrm{Re}\{(\Phi^I(x,y,z) + \Phi^D(x,y,z) + \Phi^R(x,y,z))\mathrm{e}^{\mathrm{i}\omega_e t}\} \tag{6-12}$$

其中，ω_e 为船舶的遭遇频率。

迎浪入射角为 180° 时，入射角为 β 的遭遇频率为

$$\omega_e = \omega\left(1 - \frac{\omega U}{g}\right) \tag{6-13}$$

其辐射势可由各自由度下的速度势组成，即

$$\Phi^R = \sum_{j=1}^{6} \Phi_j^R \tag{6-14}$$

因此，控制方程和边界条件可确定为

$$\begin{cases} \nabla^2 \Phi = 0 \\ \left(\dfrac{\partial}{\partial t} - V\dfrac{\partial}{\partial x}\right)^2 \Phi + g\Phi_z = 0, \quad z = 0 \\ \dfrac{\partial \Phi_j^R}{\partial n} = \sum_{j=1}^{6} \dot{\xi}_j n_j + \xi_j V m_j, \quad \text{物面} \\ \dfrac{\partial \Phi_j^R}{\partial n} = -\dfrac{\partial \Phi_j^I}{\partial n}, \quad \text{物面} \\ \dfrac{\partial \Phi}{\partial z} = 0, \quad z = -\infty \\ \nabla\Phi \to 0, \quad |X| \to \infty \end{cases} \tag{6-15}$$

其中，$n = (n_1, n_2, n_3)$ 为船体表面面元上的单位法向量。

由此可得

$$\begin{cases} r \times n = (n_4, n_5, n_6) \\[2mm] \dfrac{(n\nabla)\nabla \Phi^S}{V} = (m_1, m_2, m_3) \\[2mm] \dfrac{(n\nabla)(r \times \nabla \Phi^S)}{V} = (m_4, m_5, m_6) \end{cases} \tag{6-16}$$

其中，r 为船体固定坐标系上从原点出发的位置向量。

6.2.3　水动力载荷

基于伯努利方程 $p = -\rho\left(\dfrac{\partial \Phi}{\partial t} - V\dfrac{\partial \Phi}{\partial x} + \dfrac{1}{2}\nabla^2 \Phi + gz\right)$，其水动力载荷可分为静水回复力 $F^S(t)$ 和流体动力载荷 $\tilde{F}(t)$，即

$$F^S = \iint\limits_{S_0} \rho\left(-V\frac{\partial \Phi^S}{\partial x} + \frac{1}{2}|\nabla \Phi^S|^2\right)\tilde{n}\mathrm{d}S \tag{6-17}$$

$$\tilde{F} = \iint\limits_{S_0} \rho\left(\frac{\partial \tilde{\Phi}}{\partial t} - V\frac{\partial \tilde{\Phi}}{\partial x} + |\nabla \Phi^S| \cdot |\nabla \tilde{\Phi}| + \frac{1}{2}|\nabla \tilde{\Phi}|^2\right)\tilde{n}\mathrm{d}S \tag{6-18}$$

其中，Φ^S 与 $\tilde{\Phi}$ 为定常速度势及非定常速度势；$\tilde{n} = (n_1, n_2, n_3, n_4, n_5, n_6)$。

若速度势间不存在耦合作用，在忽略高阶项的前提下，其水动力载荷可分为静水回复力、辐射力、绕射力、入射力，即

$$F^S = -\iint\limits_{S_0} \rho g\tilde{n}\mathrm{d}S \tag{6-19}$$

$$F^R = -\iint\limits_{S_0} \rho\left(\frac{\partial \Phi^R}{\partial t} - \Phi^R V\tilde{m}\right)\mathrm{d}S \tag{6-20}$$

$$F^D = -\iint\limits_{S_0} \rho\left(\frac{\partial \Phi^D}{\partial t}\tilde{n} - \Phi^D V\tilde{m}\right)\mathrm{d}S \tag{6-21}$$

$$F^I = -\iint\limits_{S_0} \rho\left(\frac{\partial \Phi^I}{\partial t}\tilde{n} - \Phi^I V\tilde{m}\right)\mathrm{d}S \tag{6-22}$$

其中，辐射势、绕射势、入射势为 Φ^R、Φ^D、Φ^I；$\tilde{m} = (m_1, m_2, m_3, m_4, m_5, m_6)$。

考虑瞬时湿表面变化、二阶非线性水动力响应、非线性载荷，以及船体结构弹性效应对流场的影响，从而给出预报船体响应的三维非线性水弹性时域计算方法，实现船舶弹性结构在波浪中的运动和响应预报。

船体所受的非线性波浪激励力可分为静水回复力 $\{F^S\}$、Froude-Krylov 力

$\{F^{\mathrm{FK}}\}$、辐射力 $\{F^R\}$、绕射力 $\{F^D\}$、砰击压力 $\{F^{\mathrm{SLAM}}\}$，以及甲板上浪力 $\{F^{\mathrm{GW}}\}$。瞬时船舶遭遇的流体外载荷为

$$\{F(x,t) = F^S + F^R + F^{\mathrm{FK}} + F^D + F^S + F^{\mathrm{SLAM}} + F^{\mathrm{GW}}\} \tag{6-23}$$

1) 静水回复力

对于恶劣海况，在剧烈运动状态下，物面湿表面非线性引起的非线性流体静力、Froude-Frylov 力是主要的非线性因素成分。考虑瞬时船体物面非线性影响，作用于船体瞬时湿表面的静水回复力 $\{F^S\}$ 可由流体静压力于瞬时湿表面积分与初始静水浮力的差值计算，即

$$F^S(x,t) = -\rho g \iint\limits_{LC_x} nzu_k(x)\mathrm{d}l\mathrm{d}x - F^S_{\mathrm{static}} \tag{6-24}$$

$$z = H(y,z) + \sum_{r=0}^{m} u_r(x)p_r(x) \tag{6-25}$$

其中，z 为弹性结构距瞬时波面相对距离；u_r 为船体弹性结构第 r 阶位移矢量；C_x 为 x 处的水下横剖面的周界；$\mathrm{d}l$ 为沿水下横剖面的微元；F^S_{static} 为船舶初始静水浮力；$H(y,z)$ 为相对于静水水线的相对距离。

2) Froude-Krylov 力

作用在弹性船体结构上的 Froude-Krylov 力 $\{F^{\mathrm{FK}}\}$ 可由入射波压力在瞬时湿表面上的积分得到，即

$$F_k^{\mathrm{FK}}(t) = \mathrm{Re}\{\rho g \zeta_a \mathrm{e}^{\mathrm{i}(\omega_e t + \theta_k)}\} \iint\limits_{L \times C_x} nu_k(x)\mathrm{e}^{\mathrm{i}kx + kz}\mathrm{d}l\mathrm{d}x \tag{6-26}$$

其中，ζ_a 为入射波波幅；ω_e 为遭遇频率；k 为波数；θ_k 为入射波相位角。

3) 绕射力

考虑有航速情况，船体瞬时湿表面上的绕射力 $\{F^D\}$ 附加质量及其阻尼等参数须在各时间步长重新计算，其表达式为

$$\begin{aligned}
F_k^D(t) = \mathrm{Re}\Bigg\{ &\zeta_a \mathrm{e}^{\mathrm{i}(\omega_e t + \theta_k)}\bigg\{ -\omega_0 \mathrm{e}^{kz}\mathrm{e}^{\mathrm{i}kz}\int_L\bigg[\frac{\omega_0}{\omega_e}(\omega_e m(x) - \mathrm{i}N(x))u_k\mathrm{d}x \\
&+ \frac{U}{\mathrm{i}\omega_e}\mathrm{e}^{\mathrm{i}kx + kz}(\omega_e m(x) - \mathrm{i}N(x))u_k'\mathrm{d}x\bigg]\bigg\}\Bigg\} \\
&- \bigg[\omega_0 \frac{U}{\mathrm{i}\omega_e}\mathrm{e}^{\mathrm{i}kx^* + kz}(\omega_e m(x) - \mathrm{i}N(x))u_k\bigg]_0^l
\end{aligned} \tag{6-27}$$

4) 辐射力

辐射力 $\{F^R\}$ 由船体湿表面对应的频域稳态水动力系数确定，即

$$F^R = \sum_{r=1}^{N} (-A_{kr}^{\infty}) \left[\ddot{p}_r(t) - \int_0^t K_{kr}^m(t-\tau)\dot{p}_r(t)\mathrm{d}\tau - C_{kr}^m\{p_r(t)\} \right], \tag{6-28}$$
$$k = 1, 2, \cdots, N$$

其中，N 为最大模态阶数；A_{kr}^{∞} 为第 k 阶辐射波速度势引起的第 r 阶模态于无限频率下的附加质量，仅与船体外形、运动，以及结构弹性变形相关；K_{kr}^m 为延迟函数，也称辐射脉冲响应函数，可通过频率 ω 下的广义流体阻尼矩阵 $B(\omega)$ 计算；C_{kr}^m 为回复力系数，可通过下式计算，即

$$\begin{cases} A_{kr}^{\infty} = \int_0^l m^{\infty}(x)u_k(x)u_r(x)\mathrm{d}x \\ K_{kr}^m = \dfrac{2}{\pi}\int_0^{\infty} (B_{kr}(\omega)\cos(\omega t))\mathrm{d}\omega \\ C_{kr}^m = \omega^2(A_{kr}^{\infty} - A_{kr}(\omega)) - \omega\int_0^{\infty} (K_{kr}^m(\tau)\sin(\omega t))\mathrm{d}\tau \end{cases} \tag{6-29}$$

其中，m^{∞} 为无限频率时的垂荡附加质量。

另外，船体的附加质量 a_{ij} 与阻尼系数 b_{ij} 可通过边界元法计算。相较于多参数保角变换法与 Frank 拟合法，可消除不规则频率，保证各频率下的连续性与光滑性，以及结果的准确性，特别是在艏艉型线变化剧烈的吃水处。图 6-2 所示为船剖面处计算域边界示意图，由底部边界 S_B，无穷远处边界 S_L、S_R 与自由表面边界 S_F 组成。

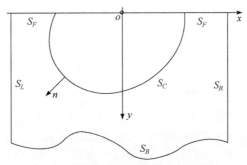

图 6-2　船剖面处计算域边界示意图

将水线以下物面 S_C 离散成 N 个计算面元，各物面面元的法向为 $n = \{n_x, n_y\}$，面元中点坐标为 $P(x, y)$，其平衡位置在 ω 频率下作微幅简谐运动，物面速度为

$$V(P, t) = \mathrm{Re}\left\{V(P)\mathrm{e}^{\mathrm{i}\omega t}\right\} \tag{6-30}$$

通过自由液面、物面等边界条件与 Second Green 函数可得其边界积分方程，即

$$\pi\varphi(P) + \int_S \varphi(Q)K(P, Q)\mathrm{d}S(Q) = \int_{Sc} f(Q)\ln r\,\mathrm{d}S(Q) \tag{6-31}$$

各边界的核函数为

$$\begin{cases} K_C(P, Q) = \dfrac{\partial \ln r}{\partial n_Q}, & Q\text{在}S_C \\[2mm] K_F(P, Q) = \dfrac{\partial \ln r}{\partial n_Q} + k_0 \ln r, & Q\text{在}S_F \\[2mm] K_{R,L}(P, Q) = -\dfrac{\partial \ln r}{\partial n_Q} - \mathrm{i}k_{R,L} \ln r, & Q\text{在}S_{R,L} \end{cases} \tag{6-32}$$

宽扁型江海直达船舶剖面形式及其水动力系数如图 6-3 所示。截断频率位于 6rad/s 处即可获得较好的数值精度。可见，我们采用的面元方法计算所得的附加质量及阻尼系数曲线较为平滑，对船首剖面复杂曲面形式计算结果并没有离散跳跃点的出现，因此可以有效地避免不规则频率的出现。

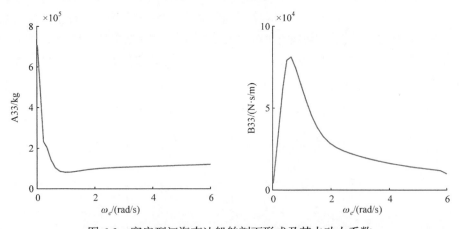

图 6-3　宽扁型江海直达船舶剖面形式及其水动力系数

5) 甲板上浪力

在船波相对运动过程中，若流体上浪超过干舷，船体遭遇甲板上浪的情况下，

非线性甲板上浪载荷可采用 Buchnor 模型求得，通过甲板上浪引起的流体分布变化导致的动量变化，计算非线性甲板上浪载荷，即

$$F^{\text{GW}}(x,t) = \int\limits_L f^{\text{gw}} u_k \mathrm{d}x$$

$$f^{\text{gw}} = \left(\frac{\partial m_{\text{gw}}}{\mathrm{d}t}\right) w + \left(g\cos\xi_5 + \frac{\partial w}{\partial t}\right) m_{\text{gw}}$$

(6-33)

其中，m_{gw} 为单位长度甲板上浪的相对质量；w 为甲板相对速度；ξ_5 为纵摇。

　　6) 船底砰击压力

　　在船波相对运动中，船首结构出水再入水过程会遭遇瞬态强非线性的砰击载荷。船首砰击载荷计算示意图如图 6-4 所示。对各切片分别进行砰击载荷响应并积分，可将各时间步下的砰击载荷集成到非线性载荷及运动时域计算中。各时间步下的砰击载荷都是根据实时船波相对运动来计算。各瞬态的船舶相对运动预报也考虑非线性砰击载荷的作用。其计算流程如图 6-5 所示。此外，各位置处遭遇的砰击载荷与入水相对速度相关，通过船船体物面各位置处与波面间的相对运动响应，结合局部结构有无出水再入水的情况可获得入水瞬时相对速度，迎浪入射波下的相对位移及入水速度为

$$\xi_r(x,y,z) = \xi_3 - x\xi_5 - vt\xi_5 + \sum_{r=0}^{m} u_r p_r - \xi_a$$

$$V_r = \frac{\partial \xi_r}{\partial t}$$

(6-34)

其中，ξ_r 为各位置处的相对位移；ξ_3、ξ_5、ξ_a 为升沉、纵摇、入射波波幅；V_r 为各位置处的相对速度。

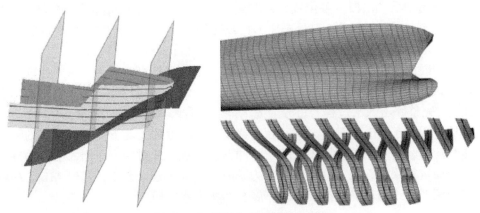

图 6-4　船首砰击载荷计算示意图

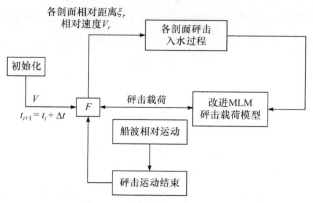

图 6-5　砰击载荷计算流程图

非线性水弹性计算时域方法将非线性瞬态砰击载荷与结构响应进行耦合，基于 MLM 对遭遇砰击的区域进行砰击载荷计算。相较于 GWM、OLM、MLM 砰击载荷模型适用的剖面斜升角范围更广，并且考虑速度势非线性项，以及物面形式的影响，可足够快捷稳定高效地对宽扁型江海直达船砰击载荷进行计算。各处所受的砰击压力可通过下式求得，即

$$F_k^D(t) = \mathrm{Re}\{F^{\mathrm{slam}}(x,t)\} = \iint\limits_{LC_x} p^{\mathrm{slam}} u_k \mathrm{d}x\mathrm{d}l \tag{6-35}$$

$$p^{\mathrm{slam}}(x,y,t) = \rho \dot{h}^2(t)\left[\frac{\dot{c}(t)}{\dot{h}(t)}\frac{c(t)}{\sqrt{c^2(t)-y^2}} - \frac{1}{2}\frac{c^2(t)}{c^2(t)-y^2}\frac{1}{1+f_y^2} - \frac{1}{2}\frac{f_y^2}{1+f_y^2} - \frac{\dot{d}}{\dot{h}}\right.$$

$$\left. + \frac{\ddot{h}}{\dot{h}^2}(\sqrt{c^2(t)-y^2} + f(y) - h(t) - d(t))\right], \quad d(t) = f(c(t)) - h(t) \tag{6-36}$$

在砰击中后期阶段，各位置处与波面相对速度小于速度阈值时，该处仍遭遇压力值直至相对位移为零。其砰击压力持续时间历程较长，须考虑其引起的冲量。因此，在非线性水弹性计算中，须对基于 MLM 砰击载荷历程中后期进行改进。砰击压力时间历程模型如图 6-6 所示。因此，各位置处可分为两个阶段，即相对速度超过阈值阶段直至相对位移为零的阶段 t_0，以及相对位移为零直至结构出水阶段 t_1。完整砰击入水过程 t_a 可分为 t_0、t_1 两个阶段。在第一阶段过程中，砰击压力时历过程基于 MLM 计算，瞬时相对速度超过阈值的情况下可得各点处的瞬时砰击载荷历程。在第二阶段中，基于脉冲三角函数形式对结构完全入水后的砰击压力载荷进行修正，在 t_0 时刻砰击压力瞬时变化速率衰减至零，基于 MLM 和脉冲三角函数形式可以将其持续时间扩展至结构出水阶段。

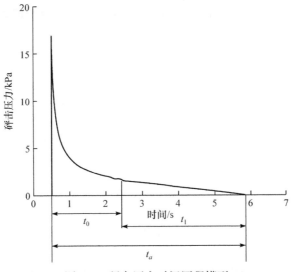

图 6-6　砰击压力时间历程模型

在非线性水弹性时域计算方法中，水动力的非线性来源主要来自几个方法。

(1) 船体型线引起的非线性流体载荷包括静水回复力、波浪主干扰力。

(2) 船波相对运动中，瞬时船体湿表面变化引起的非线性流体扰动力。

(3) 船体结构弹性变形影响。

(4) 在船体入水出水过程中，砰击和甲板上浪等瞬态非线性载荷的影响。

6.2.4　船体结构模态分析

由水弹性理论分析可知，对船体运动、非线性波浪载荷求解之前，须对船体结构进行干湿模态计算，得到固有模态的各阶振型，以及主坐标。考虑转动惯量、剪切力的影响，我们采用两端自由的变截面 Timoshenko 梁模型 FEM 对船体结构干湿模态进行求解，离散为有限多个不同单元结构属性的连续单元。对于任意船体梁微段，振动微分方程为

$$m(x)\frac{\partial^2 w(x,t)}{\partial t} = V + Z(x,t)$$

$$I(x)\frac{\partial^2 \theta(x,t)}{\partial t} = M\mathrm{d}x + V(x,t) \tag{6-37}$$

$$\frac{\partial w(x,t)}{\partial x} = \theta(x,t) + \frac{\partial \gamma(x,t)}{\partial t}$$

其中，$w(x,t)$ 为剖面垂向挠度；$\theta(x,t)$ 为弯曲使剖面产生的转角；$\gamma(x,t)$ 为剪切使剖面产生的转角；M 为剖面弯矩；V 为剖面剪力；$Z(x,t)$ 为外力。

相较于三维全船详细结构有限元模型，Timoshenko 梁模型可极大地降低前期

三维模型建模耗时，减弱前期全船结构详细准备工作，较便捷迅速地进行结构模态计算，并且计算精度较高。特别是，在船舶结构方案设计阶段，可以避免船体结构三维有限元建模繁重的工作量，便捷迅速地开展非线性波浪载荷预报。其垂向自由振动控制方程为

$$\begin{cases} \dfrac{\partial}{\partial x}\left(E(x)I(x)\dfrac{\partial \theta}{\partial x}\right)+\kappa G(x)A(x)\left(\dfrac{\partial w}{\partial x}-\theta\right)-\rho(x)I(x)\dfrac{\partial^2 \theta}{\partial t^2}=0 \\ \dfrac{\partial}{\partial x}\left[\kappa G(x)A(x)\left(\dfrac{\partial w}{\partial x}-\theta\right)\right]-\rho(x)A(x)\dfrac{\partial^2 w}{\partial t^2}=0 \end{cases} \tag{6-38}$$

其中，$E(x)I(x)$ 和 $\kappa G(x)A(x)$ 为剖面抗弯和抗剪刚度；κ 为剖面形状系数；$\rho(x)$ 为梁的密度；$A(x)$ 为剖面面积。

根据船体梁的边界条件，可求得船体结构模型的干模态。在求得附加质量基础之前，可求得船体结构的湿模态。

通过将全船结构在纵向上离散为有限个单元并对其求解，船体结构的总振动问题可等效为结构各节点的耦合振动有限元方程，即

$$f = k\delta + m\dot{\delta} \tag{6-39}$$

其中，f 和 δ 为节点力向量和位移向量；k 和 m 为单元刚度矩阵和质量矩阵，即

$$f=\begin{Bmatrix} P \\ R \end{Bmatrix}, \quad \delta=\begin{Bmatrix} U \\ V \end{Bmatrix}, \quad k=\begin{bmatrix} k_{bs} & 0 \\ 0 & k_{wt} \end{bmatrix}, \quad m=\begin{bmatrix} m_{bs} & m_{st} \\ m_{ts} & m_{tw} \end{bmatrix} \tag{6-40}$$

其中，k_{bs} 为弯曲剪切矩阵；k_{wt} 为翘曲扭转矩阵；m_{bs} 为弯曲剪切矩阵；m_{tw} 为扭转翘曲矩阵；$m_{st}=m_{ts}^{\mathrm{T}}$ 为剪切扭转矩阵。

各节点力和位移可表示为

$$P=\begin{Bmatrix} -V(0) \\ M(0) \\ V(l) \\ -M(l) \end{Bmatrix}, \quad R=\begin{Bmatrix} -T(0) \\ -B_w(0) \\ T(l) \\ B_w(l) \end{Bmatrix}, \quad U=\begin{Bmatrix} w(0) \\ \varphi(0) \\ w(l) \\ \varphi(l) \end{Bmatrix}, \quad V=\begin{Bmatrix} \psi(0) \\ \vartheta(0) \\ \psi(l) \\ \vartheta(l) \end{Bmatrix} \tag{6-41}$$

其中，V、M、T、B_w 为剪力、弯矩、扭矩、翘曲力矩；w、φ、ψ、ϑ 为变形、转角、扭转角、变化率。

根据结构动力学基本方程，可得结构离散为有限多个单元系统的固有频率 ω_r 和振型 $u_r(x,y,z)$。该结构系统节点的模态振型 $[D]$ 可表示为

$$[D]=\sum_{r=0}^{n}\{u_r(x,y,z)\} \tag{6-42}$$

通过前 n 阶的模态振型 $\{u_r\},r=1,2,\cdots,m$ 和主坐标 $p_r(t)$，利用模态叠加法可以得到波面弹性船体结构的相对位移矢量，即

$$u(x, y, z, t) = \sum_{r=0}^{n} \{u_r(x, y, z)\} p_r(t) = [D]\{p\} \tag{6-43}$$

因此，结构任意位置处的动态应变 ε_{ij} 和应力 σ_{ij} 为

$$\begin{cases} \varepsilon_{ij}(t) = \sum_{r=2}^{n} \varepsilon_{ijr} p_r(t) \\ \sigma_{ij}(t) = \sum_{r=2}^{n} \sigma_{ijr} p_r(t) \end{cases} \tag{6-44}$$

其中，ε_{ijr} 和 σ_{ijr} 为第 r 阶的模态应变和模态应力张量。

基于模态叠加法，在求解主坐标、非线性水弹性运动方程后，即可通过剖面上第 r 阶的弯矩响应 M_r 与剪力 V_r 求得该剖面结构非线性弯矩响应，以及剪切力，即

$$M(t) = \sum_{r=2}^{n} M_r p_r(t) \tag{6-45}$$

$$V(t) = \sum_{r=2}^{n} V_r p_r(t) \tag{6-46}$$

根据船舶非线性水弹性时域理论，考虑瞬态砰击载荷的影响，并开展数值计算程序编写。非线性水弹性时域计算程序流程如图 6-7 所示。根据目标船舶型线、结构、质量分布特点，对静水船体浮态进行调整并开展静水特性和船体结构模态

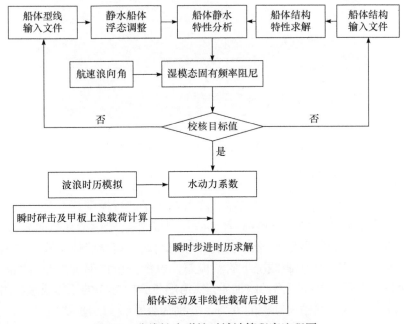

图 6-7 非线性水弹性时域计算程序流程图

分析。进而，开展遭遇波浪下的规则波，以及不规则波时间历程模拟，求解不同频率处的水动力系数。在遭遇波浪的船舶运动、非线性瞬态时域计算中，通过模态叠加法考虑结构弹性变形对瞬态非线性载荷的影响，在步进求解船舶运动及非线性载荷计算中，考虑湿表面非线性、砰击载荷，以及甲板上浪等非线性因素。

6.3　模型试验与仿真对比分析

为对比分析宽扁型江海直达船舶的水弹性特性，采用非线性水弹性时域方法与基于 Rankine 面元法的 HydroD-Wasim 商业软件进行仿真计算，并与试验测试结果进行对比分析。HydroD-Wasim 模块中的非线性波浪载荷考虑瞬时湿表面与 Froude-Krylove 的非线性作用，但是辐射力、绕射力并未考虑非线性影响，仅对平均吃水处的湿表面进行线性化计算。除此之外，HydroD-Wasim 仅考虑重量分布情况，并未考虑结构的弹性效应对载荷的影响，因此 HydroD-Wasim 中的非线性考虑比较有限且仅对刚体结构进行分析。HydroD-Wasim 船体面单元模型如图 6-8 所示。

图 6-8　HydroD-Wasim 船体面单元模型

6.3.1　船体结构模态分析

根据上述理论计算方法，对宽扁型江海直达船进行振动特性分析可得各阶固有模态。根据全船的重量分布和剖面惯性矩，我们将全船模型在纵向分为 30 段变截面 Timoshenko 连续梁模型，然后进行干模态计算。结合船体水线下湿表面网格水动力系数，可得特定装载载况下的湿模态，以便分析该船型的非线性波浪载荷特性。通过边界元对艏部剖面的附加质量，沿船长方向分布的船体质量和附加质量分布如图 6-9 所示，其中 x 轴上的 0 与 1 分别为艉垂线与艏垂线。

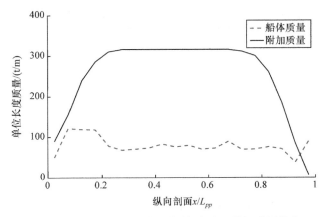

图 6-9　沿船长方向分布的船体质量和附加质量分布

全船垂向位移及转角模态如图 6-10 所示。由模态分析计算和静水湿模态测量所得的船体固有湿模态如表 6-1 所示。其结果统一换算成实船值，两节点的相对误差仅为 0.8%。可见，在低阶模态可准确模拟其振动特效，高阶模态的误差相对偏大。在船体波激振动及颤振响应中，低阶模态是主要影响成分，因此可以确保该水弹性结构湿模态预报的可靠性，准确地对该宽扁型江海直达船舶的固有湿模态进行预报。其中静水试验测得的弯矩衰减曲线对数阻尼衰减率系数 $\delta = 0.027$。

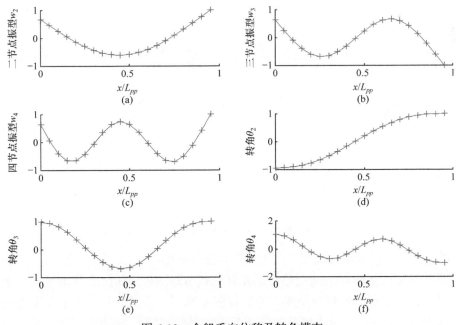

图 6-10　全船垂向位移及转角模态

表 6-1　船体固有湿模态

固有湿模态	计算值/(rad/s)	测量值/(rad/s)	相对误差/%
$\omega_{2\text{-nod}}$	5.97	6.02	0.8
$\omega_{3\text{-nod}}$	14.84	15.72	6
$\omega_{4\text{-nod}}$	22.78	24.08	5

6.3.2　船体运动响应

采用非线性水弹性时域计算方法对服务航速与设计航速(10kn、14kn)下的重心处运动响应进行分析，并与试验测量结果、HydroD-Wasim 计算结果进行比较。船舶垂荡运动 RAOs 模型试验与计算对比分析如图 6-11 所示。图中，ξ_3/ζ_a 为垂荡传递函数，Htd 为水弹性仿真计算值，HydroD 为通过 HydroD-Wasim 采用 Rankine 面元法计算结果。考虑弹性效应的水弹性结果与试验结果吻合得较好，但是在遭遇频率较高时，相较于试验值仍低估了其垂荡响应幅值，并且 HydroD 计算值也存在这一现象。在遭遇频率相对低时，其垂荡幅值大于其他两种结果。随着航速与遭遇频率的增加，垂荡幅值也随之增大，并且在遭遇频率较大时，其曲率变化较平缓。陡波中非线性水弹性仿真结果会显著高估垂荡运动，主要是由于陡波中的静水力，以及 Froude-Krylov 力非线性有一定的局限性。另外，船体结构出水过程中固液分离产生的黏性效应会使共振垂荡幅值有降低的趋势。

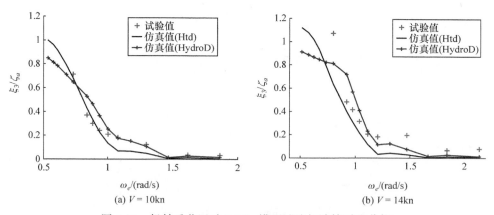

(a) $V = 10$kn　　　　　　　　　　　　(b) $V = 14$kn

图 6-11　船舶垂荡运动 RAOs 模型试验与计算对比分析

船舶纵摇运动 RAOs 模型试验与计算对比分析如图 6-12 所示，图中 k 为波数。两种航速均呈同样的变化趋势，并且低频时的 HydroD 仿真值结果稍小于试验测量值，大于水弹性计算结果。分析其偏差原因主要是，黏性阻尼在船舶运动中也起着重要作用，遭遇入射波的能量耗散也是造成两者偏差的一个原因。后续，考虑通过考虑更高阶的 Froude-Krylov 力替代第一阶 Froude-Krylov 力来提高其数值计算精度。

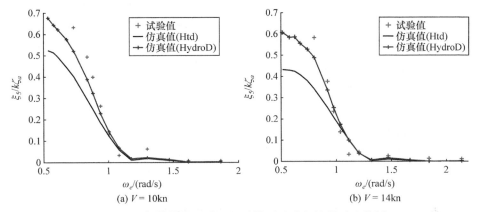

图 6-12 船舶纵摇运动 RAOs 模型试验与计算对比分析

6.3.3 波浪载荷响应传递函数

针对不同航速下的无因次化垂向弯矩响应测量值，非线性水弹性时域计算值与 HydroD-Wasim 仿真值的对比分析如图 6-13 所示。图中，横坐标 ω_e 为波浪遭遇频率，纵坐标 $M_5/(\zeta_a \rho g B L_{pp}^2)$ 为垂向弯矩传递函数。Wasim 与非线性水弹性时域仿真计算结果在幅频特性及变化趋势上存在明显差异，但是试验结果与非线性水弹性预报结果随遭遇频率变化特性和幅值均能得到较好的一致性，试验值稍大于预报仿真值。三种方法所得的 RAOs 均于遭遇频率 0.9rad/s 附近达到其峰值。随着航速的提高，其垂向弯矩幅频响应亦随之略有增大，但是在较高遭遇频率时，其响应幅值略有增加。基于 Rankine 面元法的 Wasim 仿真值在较低遭遇频率时均

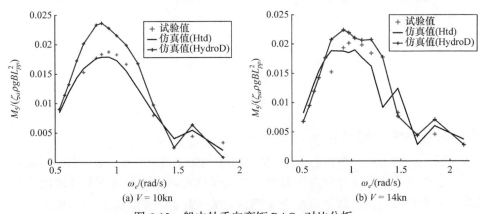

图 6-13 船中处垂向弯矩 RAOs 对比分析

过高估算了其幅频响应。考虑船体弹性效应的水弹性预报值与试验测量值吻合较好，并且能较好地预报其幅频特性响应。总体来看，该非线性水弹性理论预报方法能较准确地预报载荷的传递函数，但是短波时的载荷响应预报中有些许偏差。这主要是几个方面造成的，尽管非线性水弹性时域计算方法考虑瞬时运动过程中物面非线性变化的影响，但是为提高其计算效率，各瞬时时刻下的各湿表面单元通过水动力系数进行水动力载荷计算，替代各个时间步下对速度势进行求解。另外，对自由液面的非线性模拟也是误差来源之一，我们采用的 Airy 入射波仍依赖线性自由表面条件。除此之外，将船体结构简化为船体梁模型也会导致其与试验测试结果出现偏差。

垂向载荷传递函数达到峰值，即 $\omega_e = 0.94\text{rad/s}$ 、$V = 10\text{kn}$ 时，沿船长无因次化中拱中垂弯矩分布如图 6-14 所示。图中实线为水弹性理论预报值，圆点为第 5 站、第 10 站、第 15 站剖面处的试验测量结果。两者均显示了中拱与中垂分量的不对称性。在靠近艏部的第 15 站处，理论计算的中拱中垂值均小于测量值结果。偏差原因主要是模型试验中艏部遭遇的砰击载荷，理论计算并未充分考虑其砰击载荷中的高阶非线性项，从而低估艏部剖面处的垂向载荷水平。另外，由于水池存在尺度效应，稳态的短波长高频遭遇波浪的稳定性有限也是造成其偏差的一个原因。

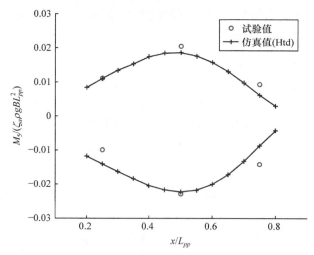

图 6-14　$V = 10\text{kn}$ 时沿船长无因次化中拱中垂弯矩分布

6.3.4　非线性载荷的频域分析

航速 $V = 10\text{kn}$ 时，波长船长比 $\lambda/L = 0.9$ 下的船中处垂向弯矩频域分析如图 6-15 所示。在遭遇波浪环境和航速运动时，遭遇频率及其倍频不接近船体垂向固有湿频率，并未诱发显著非线性波激振动响应。各阶倍频和船体固有频率处的响应相对于低频波浪弯矩均为小量。可见，非线性水弹性时域计算方法可有效模拟非线性载荷频谱分布特性，与试验值在各倍频频率值对应较好。HydroD-Wasim 计算并未考虑船体结构刚度因素，仅在遭遇波频、2 倍倍频频率处有明显峰值，其他倍频处并未有明显峰值响应。除此之外，遭遇波频处的幅值响应远大于试验测量值，以及非线性水弹性时域计算值。可见，HydroD 并不能有效捕捉弹性船体结构的高频非线性载荷频谱特性，并不适合波激振动响应预报分析。各阶谐振垂向弯矩分量占低频波浪弯矩比值如表 6-2 所示。

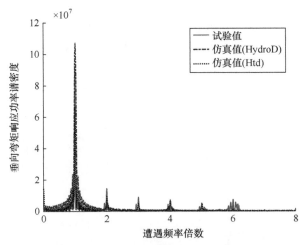

图 6-15　船中处垂向弯矩频域分析($V = 10\text{kn}$，$\lambda/L = 0.9$)

表 6-2　各阶谐振垂向弯矩分量占低频波浪弯矩比值($V = 10\text{kn}$，$\lambda / L = 0.9$)

各阶谐振比例	试验值/%	仿真值(Htd)/%	仿真值(HydroD)/%
$M_v^{2\omega_e}/M_v^{\omega_e}$	15.84	11.3	4.18
$M_v^{3\omega_e}/M_v^{\omega_e}$	9.58	8.61	1.29
$M_v^{4\omega_e}/M_v^{\omega_e}$	7.54	9.35	—
$M_v^{5\omega_e}/M_v^{\omega_e}$	5.17	9.21	—
$M_v^{6\omega_e}/M_v^{\omega_e}$	7.69	5.78	—

在航速 14kn 下，波长船长比 λ/L 为 0.9 和 1.1 时，垂向弯矩频谱分析图如图 6-16 与图 6-17 所示。由此可见，除遭遇波频 ω_e 成分，还包括与遭遇频率成倍数关系的各阶倍频 ($n = 2,3,\cdots,7$) 成分响应均较为明显。波长船长比 λ/L 分别为 0.9 和 1.1 时，船体垂向二节点固有频率分别与其 6 阶、7 阶倍频接近，均诱发非线性高阶波激振动现象。模型垂向二节点固有频率处的高频分量幅值急剧增大，处于遭遇频率与船体梁一阶垂向固有振动频率 $\omega_{2\text{-nod}}$ 间的各阶倍频成分亦较明显，大

于船体梁固有频率的倍频成分则迅速减小。可见，共振阶数的减小，虽然低频波浪弯矩幅值略有回落，但是船体固有湿频率处的高频波激振动响应分量相较于低频波浪弯矩分量占比自 23.82% 显著增加至 31.06%。我们所述的非线性时域水弹性计算方法，以及 HydroD-Wasim 在遭遇频率处的低频波浪弯矩均可较好地进行预报，但是 HydroD-Wasim 并不能有效地模拟各阶倍频响应。其数值计算中的辐射力、绕射力并未充分考虑瞬时物面非线性影响，仅对平均吃水处的湿表面进行线性化计算。除此之外，HydroD-Wasim 仅考虑重量分布情况，并未考虑结构刚度的弹性效应对非线性波浪载荷的影响，因此 HydroD-Wasim 中的非线性考虑较为有限。非线性时域水弹性计算方法可有效捕捉高阶倍频分量响应成分。在各瞬时湿物面非线性基础上，考虑结构弹性响应变形对非线性水动力特性的影响可以实现流固耦合作用。由于结构特性计算将船体结构简化为 Timoshenko 梁模型，高频

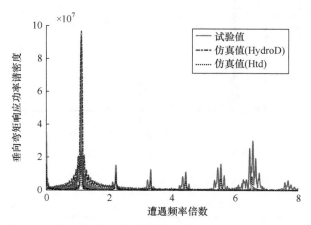

图 6-16　船中处垂向弯矩频域分析(V = 14kn，λ/L = 0.9)

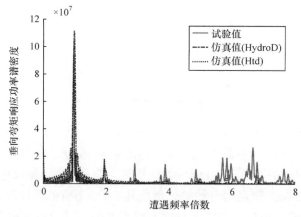

图 6-17　船中处垂向弯矩频域分析(V = 14kn，λ/L = 1.1)

幅值水平仍须进行改进来提高其精度，使剖面非线性载荷时历响应更接近实船特性。各阶谐振垂向弯矩分量占低频波浪弯矩比值如表 6-3 所示。

表 6-3　各阶谐振垂向弯矩分量占低频波浪弯矩比值($V = 14\text{kn}$，$\lambda / L = 0.9$)

各阶谐振比例	试验值/%	仿真值(Htd)/%	仿真值(HydroD)/%
$M_v^{2\omega_e}/M_v^{\omega_e}$	16.20	12.91	5.42
$M_v^{3\omega_e}/M_v^{\omega_e}$	13.44	6.99	1.53
$M_v^{4\omega_e}/M_v^{\omega_e}$	11.83	13.86	—
$M_v^{5\omega_e}/M_v^{\omega_e}$	16.98	4.15	—
$M_v^{6\omega_e}/M_v^{\omega_e}$	32.27	13.73	—

6.3.5　船体运动及载荷时域分析

对于不同波长、航速下的遭遇波浪、垂荡运动、纵摇运动，以及垂向弯矩响应分别采用非线性水弹性时域计算预报方法，HydroD-Wasim 仿真方法进行分析并与试验测试结果分别进行对比。其时域结果如图 6-18～图 6-20 所示。水弹性时

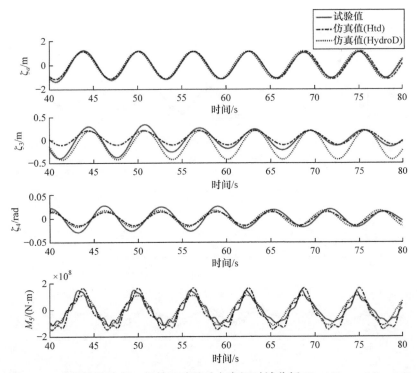

图 6-18　遭遇波浪波高、船舶运动及垂向弯矩时域分析($V = 10\text{kn}$，$\lambda/L = 0.9$)

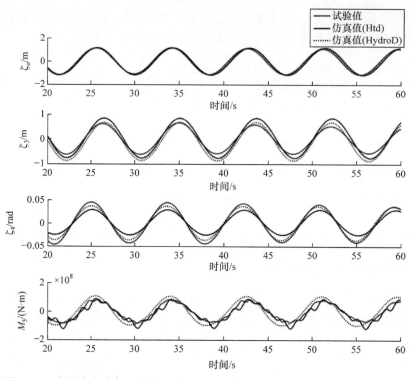

图 6-19 遭遇波浪波高、船舶运动及垂向弯矩时域分析($V = 10\text{kn}$，$\lambda/L = 1.5$)

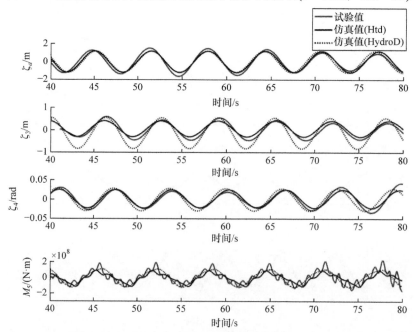

图 6-20 遭遇波浪波高、船舶运动及垂向弯矩时域分析($V = 14\text{kn}$，$\lambda/L = 1.1$)

域仿真值与试验测量值达到较好的一致性，运动响应幅值略小于测量值，而垂向弯矩响应体现与试验测量值一致的高频非线性谐振特性。与 RAOs 结果一致，HydroD 幅值均大于试验测量值与水弹性时域仿真值，并未体现高阶非线性成分。

当 $\lambda/L = 0.9$ 时，规则波中存在明显的波激振动线性，高频成分稳定且未呈衰减的趋势。非线性水弹性时域理论方法可较准确地预报非线性垂向弯矩响应，并与试验测量的中拱值吻合一致。但是，中垂的预报幅值较试验值偏小，这与船中中拱中垂值分布情况一致。

6.3.6　高阶波激振动谐振响应分析

由于江海直达船较柔，而且航线浪级较复杂跨度大，因此必须考虑其一阶，以及高阶振动谐振响应对船舶结构响应的影响。对垂向弯矩的试验测量值及仿真预报结果进行快速傅里叶分析，进一步分析非线性载荷的频率成分特性。船体结构振动非线性系统包含超谐振响应，即

$$M(t) = A_0 + A_1 \cos(\omega_e t + \varepsilon_1) + A_2 \cos(2\omega_e t + \varepsilon_2)$$
$$+ A_3 \cos(3\omega_e t + \varepsilon_3) + \cdots + \sum_{i=4}^{\infty} A_i \cos(i\omega_e t + \varepsilon_i) \quad (6\text{-}47)$$

$V = 10\mathrm{kn}$ 时，无因次化各阶谐振分量试验值如表 6-4 所示。分析 10kn、14kn 航速下经无因次化的 2～7 阶倍频成分频率特性(图 6-21 和图 6-22)，并将非线性水弹性时域仿真计算值、HydroD-Wasim 预报值，以及试验测量结果进行对比。

表 6-4　无因次化各阶谐振分量试验值 $M^{(n)}/(\zeta_a \rho g B L_{pp}^2)$ ($V = 10\mathrm{kn}$)

λ/L_{pp}	试验值						
	1 阶	2 阶 ($\times 10^{-3}$)	3 阶 ($\times 10^{-3}$)	4 阶 ($\times 10^{-3}$)	5 阶 ($\times 10^{-3}$)	6 阶 ($\times 10^{-3}$)	7 阶 ($\times 10^{-3}$)
1.5	0.015	1.19	0.57	0.31	0.36	0.15	0.28
1.2	0.018	2.06	0.93	0.77	0.54	0.39	1.15
1.1	0.018	2.34	1.24	0.85	0.60	0.41	2.44
1	0.019	2.72	1.65	1.12	0.69	1.03	4.49
0.9	0.018	2.89	1.75	1.38	0.95	1.41	1.15
0.8	0.017	2.58	1.56	1.26	1.16	3.8.	0.42
0.6	0.0080	2.47	1.61	2.92	10.76	1.09	0.39
0.433	0.0044	2.13	2.39	11.49	0.73	0.23	—
0.35	0.0033	2.71	4.51	1.45	0.30	—	—

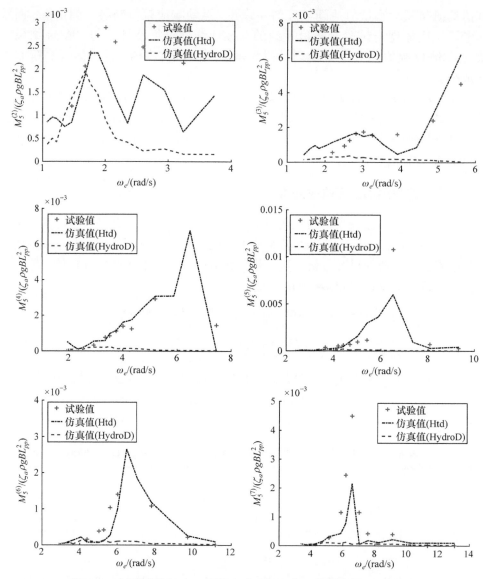

图 6-21　遭遇波浪波高、船舶运动及垂向弯矩时域分析($V = 10$kn)

　　可见，在船体梁接近湿频率的倍频之外，其他阶倍频试验值均在第一阶谐振的 10%左右。在特定遭遇频率下，波激振动等高频响应占总载荷水平的极大成分，理论计算值与试验测量值结果均在船体梁固有频率附近处激增。特别是，第 4 阶、第 5 阶谐振的试验测量值分别高达一阶波频成分的 262%、135%，仿真预报结果分别为 130%、72%。在各阶谐振成分所占成分的对比分析中，理论预报值与试验

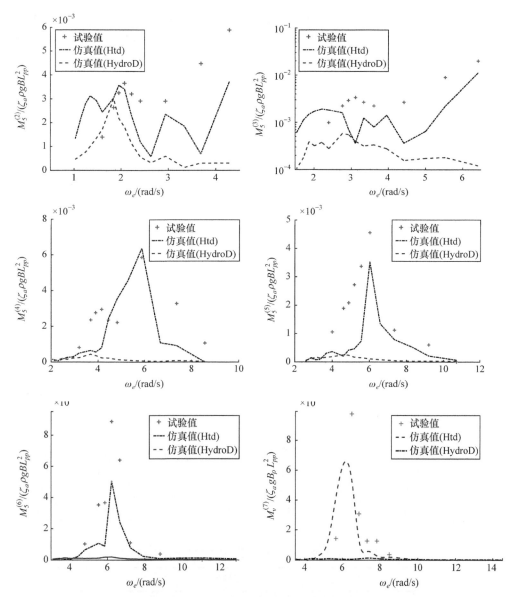

图 6-22 遭遇波浪波高、船舶运动及垂向弯矩时域分析($V = 14\text{kn}$)

结果能达到基本一致,但在共振频率附近,其仿真计算值偏低,特别是第 5 阶~第 7 阶谐振的贡献程度。在短波高遭遇频率下,第 3 阶~第 5 阶谐振极易与船体梁遭遇频率接近,激起整船剧烈的波激振动。该共振谐振幅值可高达其一阶成分的 31%量级。HydroD-Wasim 仿真值仅能得到其二阶谐振成分,并且远低于试验结果。它基于刚性船体的势流理论,不能得到高阶载荷响应。非线性水弹性时域方法可以较好地预报其各高阶谐振成分，这与试验值接近。在接近船体梁湿频率附近时，其幅值仍小于试验幅值。这个误差主要源于入射波模拟的自由液面非线性程度有限，以及结构简化为梁模型。随着船速的增加，其二阶、三阶谐振值呈现同样的变化规律，高阶波激振动的共振成分亦激增显著。V=14kn 时，无因次化各阶谐振分量 Htd 仿真值和试验值如表 6-5 和表 6-6 所示。

表 6-5　无因次化各阶谐振分量 Htd 仿真值 $M^{(n)} / (\zeta_a \rho g B L_{pp}^2)$ ($V = 14$kn)

λ/L_{pp}	仿真值(Htd)						
	1 阶	2 阶 ($\times 10^{-3}$)	3 阶 ($\times 10^{-3}$)	4 阶 ($\times 10^{-3}$)	5 阶 ($\times 10^{-3}$)	6 阶 ($\times 10^{-3}$)	7 阶 ($\times 10^{-3}$)
3	0.0082	1.33	0.61	0.15	0.029	0.057	0.026
2.5	0.011	2.22	1.12	0.073	0.15	0.10	0.016
2.2	0.013	2.81	1.48	0.16	0.078	0.041	0.043
2	0.015	3.13	1.71	0.26	0.092	0.049	0.32
1.69	0.017	2.93	1.92	0.29	0.31	0.22	1.19
1.5	0.019	2.45	1.83	0.50	0.37	0.65	4.20
1.2	0.019	3.04	1.60	0.65	0.20	1.07	5.27
1.1	0.019	3.58	0.71	0.56	0.42	0.89	1.29
1	0.019	3.41	0.36	0.80	0.46	5.07	0.58
0.9	0.018	2.28	1.23	2.45	0.73	2.42	0.30
0.8	0.016	1.19	0.79	3.55	3.53	0.78	0.20
0.7	0.0091	0.57	1.42	4.54	1.34	0.25	0.12
0.6	0.012	2.35	0.36	6.38	0.79	0.10	0.042
0.5	0.0028	1.85	0.65	1.08	0.51	0.13	0.039
0.433	0.0060	0.69	2.25	0.91	0.21	0.13	0.025
0.35	0.0037	3.72	11.3	0.1	0.068	0.078	0.058

表 6-6　无因次化各阶谐振分量试验值 $M^{(n)} / (\zeta_a \rho g B L_{pp}^2)$ ($V = 14$kn)

λ/L_{pp}	试验值						
	1 阶	2 阶 ($\times 10^{-3}$)	3 阶 ($\times 10^{-3}$)	4 阶 ($\times 10^{-3}$)	5 阶 ($\times 10^{-3}$)	6 阶 ($\times 10^{-3}$)	7 阶 ($\times 10^{-3}$)
1.5	0.015	1.38	0.98	0.81	1.05	1.03	1.45
1.2	0.019	2.64	2.22	2.35	1.89	3.53	9.76
1.1	0.020	3.26	2.91	2.77	2.08	3.67	3.09
1	0.021	3.65	3.36	2.96	2.72	8.86	1.27
0.9	0.020	3.21	2.68	2.35	3.37	6.40	1.28

λ/L_{pp}	试验值						
	1 阶	2 阶 （×10^{-3}）	3 阶 （×10^{-3}）	4 阶 （×10^{-3}）	5 阶 （×10^{-3}）	6 阶 （×10^{-3}）	7 阶 （×10^{-3}）
0.8	0.018	2.92	2.22	2.20	4.56	1.10	0.37
0.6	0.0082	2.91	2.66	5.85	1.11	0.39	—
0.433	0.0046	4.48	8.89	3.28	0.61	—	—
0.35	0.0027	5.89	9.11	1.06	—	—	—

结合图 6-11 和图 6-12 重心处的运动响应综合分析可知，当遭遇波频及其倍频频率处于船体固有频率附近时，其垂荡与纵摇的运动响应并不十分剧烈，但是仍会产生剧烈的非线性波激振动。高阶响应成分在总合成弯矩中占比极高，因此会极大增加应力循环次数，对船体结构的疲劳累计损伤亦不容忽视。

在 $V=14$kn，遭遇入射波一致的情况下，遭遇频率有所上升，各阶谐振频率特性有所差别，但是各阶倍频处于船体固有频率附近处时均诱导了高频波激振动响应。在 $V=10$kn 时，第 3 阶～第 5 阶谐振分量较为显著，$V=14$kn 情况下第 3 阶与第 6 阶的谐振分量明显放大，在非线性载荷评估中有必要考虑其影响。在较短波遭遇频率为 $\omega_e=2.14$rad/s 的情况下，$3\,\omega_e$ 处于船体固有频率附近，其试验值与仿真值分别高达一阶波浪弯矩的 3.37 与 3.05 倍。在遭遇频率为 $\omega_e=1.11$rad/s 情况下，第 6 阶谐振分量的试验值与仿真值分别占一阶波浪弯矩的 32% 与 14%。因此，随着航速的增加，需要考虑更高阶谐振分量对总载荷水平的影响，并且低阶谐振分量幅值水平也有所增加。可见，不同航速下商业软件 HydroD-Wasim 仿真值仅能获得其二阶谐振成分。非线性水弹性时域计算方法可较好地模拟波激振动高频谐振分量，体现结构弹性变形对非线性载荷的影响。然而，在船体固有频率附近，其非线性水弹性时域计算所得的高频幅值相较于试验测量值偏低。其误差主要源于入射波模拟的自由液面非线性有限，以及对结构简化。后续研究可考虑入射波的非线性影响，以及船体结构详细模型，以便提高其数值计算精度。

6.3.7　砰击载荷分析

由于船体垂荡和纵摇运动，在船首底部出水又入水过程中，波浪会产生剧烈的瞬时砰击载荷作用，对船体产生高频颤振响应。本节对宽扁型江海直达船第 18.5 站处所受的砰击载荷及对其对全船瞬态颤振响应进行详细分析。第 18.5 站处剖面型线图如图 6-23 所示。

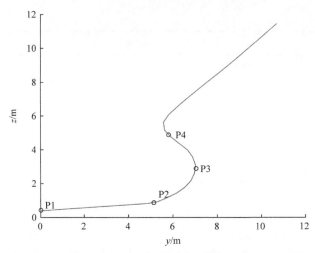

图 6-23　第 18.5 站处剖面型线图

通过非线性水弹性理论方法可得船体各位置处的船舶相对运动状态，图 6-23 中所示的 P1 处于波长船长比为 1.1 下的遭遇波浪 ζ_a、船波相对距离 ζ_r 及其相对入水速度 v_r 如图 6-24 所示。

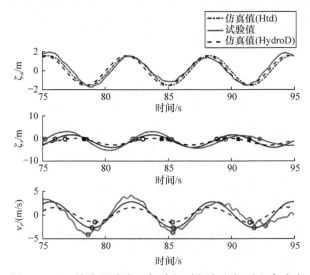

图 6-24　P1 处遭遇波浪、船波相对距离和相对入水速度

根据各位置处的船波相对速度，考虑砰击载荷对全船弹性结构变形及运动状态的影响，通过宽扁型江海直达船砰击载荷计算模型可得其瞬时砰击载荷时间历程。

P1 处砰击压力结果对比图如图 6-25 所示。图中，Ls-dyna 数值仿真计算采用 ALE 流固耦合算法，根据该位置处的瞬时船波相对速率进行非匀速入水砰击静水面进行计算对比。可见，Ls-dyna 数值计算结果中砰击压力峰值可与试验值吻合较好，略大于试验测量值。但是，其并未考虑波面非线性变化，以及第二阶段中的砰击压力影响。在试验过程中，砰击压力传感器表面须与船模外表面保持一致并光滑。其安装精度会影响其流场变化，以及遭遇砰击的瞬时速率。另外，砰击压力传感器尺寸，以及采样频率等也是造成其偏差的一个来源。

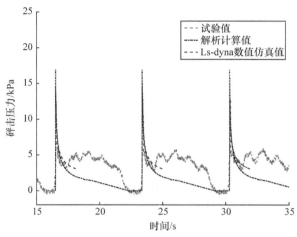

图 6-25　P1 处砰击压力结果对比图

我们提出的改进砰击载荷时历模型计算方法将 MLM 自 t_0 阶段扩展延续至 t_1 阶段，即相对速度为零至相对波面位移为零阶段，从而考虑第二阶段中的砰击压力因素，改善船首部砰击压力计算值与试验测试值间的误差。但是，并未考虑射流影响且对水动力载荷高阶项的近似处理，过高预估其砰击压力峰值，但是由于其砰击压力峰值持续时间极短，因此对整体砰击载荷和船舶相对运动响应的影响有限。

可见，砰击压力时历模型可模拟船首运动过程中砰击载荷时历的完整过程，将 MLM 扩展至砰击中后期阶段，合理反映船波运动中船首遭遇砰击载荷特性。

6.3.8　不规则波超越概率分布分析

本节对不规则波的遭遇入射波、运动响应，以及非线性波浪载荷的试验实测值与非线性水弹性时域仿真结果开展超越概率分布分析。在不规则波下的非线性水弹性时域计算方法中，将入射波的试验测量值通过线性色散关系将波高仪所处位置转换至船舶重心处，进而开展不规则波下的非线性水弹性时域计算预报。船舶重心处遭遇不规则波的超越概率分布如图 6-26 所示。圆形与菱形分别为试验测量入射波浪的正负峰值。为真实模拟试验中的船舶运动和非线性波浪载荷，重现试验各工况下的遭遇不规则波是非常重要的。目前，国内外研究方法及技术并不能完全高精度模拟试验水池中的高度非线性不规则波浪精确分布情况。预报计算中的不规则入射波由试验船首处的浪高仪测试值通过色散关系转换至船舶各位置处，进而开展响应预报计算。其船舶重心处的遭遇波浪非线性则有所降低。

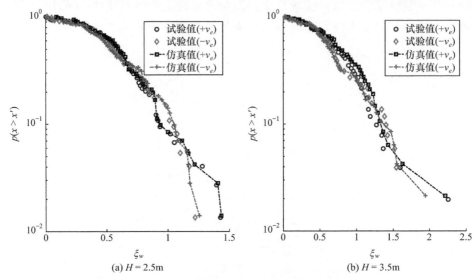

图 6-26　船舶重心处遭遇不规则波的超越概率分布($V = 14\text{kn}$)

不规则波下船舶重心处垂荡响应超越概率分布如图 6-27 所示。可见，除极值外，其垂荡响应分布呈现不对称性，数值仿真计算值与试验测量值可较为一致，

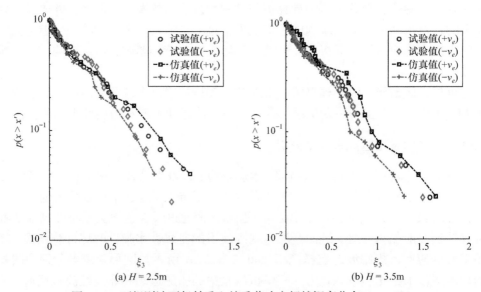

图 6-27　不规则波下船舶重心处垂荡响应超越概率分布($V = 14\text{kn}$)

在较大波高情况下提高垂荡运动响应与遭遇砰击载荷概率，继而在非线性载荷作用下，其运动响应的非线性效应更明显。不规则波下船中垂向弯矩响应超越概率分布如图 6-28 所示。在较小波高情况下，中拱弯矩与中垂弯矩较为接近，随着波高的增加，诱发的高频弯矩成分使中拱弯矩与中垂弯矩间的不对称性较为明显，因此中拱合成弯矩响应增幅与中垂弯矩间差异更为显著。特别是，在遭遇入水砰击的情况，中垂弯矩显著增加。通过高阶 Froude-Krylov 力可有效改善其精度，但是在极限海况中，其运动响应呈现显著的不对称性。后续的研究可对该方面进行改进，以提高数值计算方法的精度。

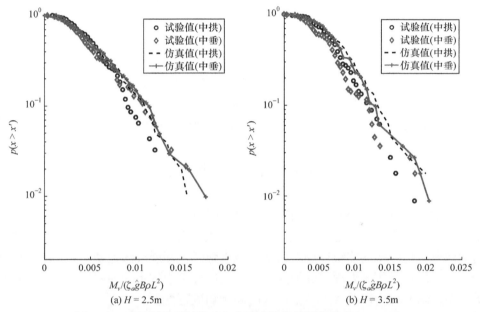

图 6-28　不规则波下船中垂向弯矩响应超越概率分布($V = 14$kn)

在 $V = 16$kn 航速下，不规则波下船中垂向弯矩响应超越概率分布如图 6-29 所示。可见，在较小航速下，中拱弯矩与中垂弯矩较为接近。随着航速增大，中垂和中拱波频弯矩响应的超越概率分布幅值明显提高，并且中垂波频弯矩与中垂状态间的不对称性较为明显，高频弯矩分量显著增加。可见，随着航速的增加，垂向弯矩的非线性特性较为显著，并且易诱导高频谐振响应。特别是，在波激振动与砰击颤振作用下，弯矩极值也随之变大。相较于波高，波激振动与砰击颤振等高频响应对航速变化的敏感程度更高。

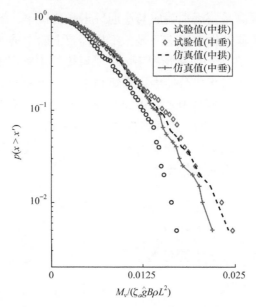

图 6-29　不规则波下船中垂向弯矩响应超越概率分布($V = 16\text{kn}$，$H = 2.5\text{m}$)

6.4　本　章　小　结

　　考虑运动过程中瞬时湿表面变化，以及船体结构弹性变形下非线性水动力的影响因素，本章提出考虑砰击载荷影响的非线性水弹性时域计算方法，并实现宽扁型江海直达船舶的非线性波浪载荷时域水弹性，开展波激振动与砰击颤振响应分析。采用边界积分方程方法消除水弹性响应计算中的不规则频率，可较好地预报全船运动响应，以及各典型剖面处的高频响应特性。

　　采用有限元梁模型并结合边界积分方程方法进行船体结构固有湿模态计算，可以避免工作量极大的全船详细结构建模环节，提高非线性水弹性计算效率。特别是，在船舶结构方案设计阶段，此方法具有极大的优势，可在考虑波激振动响应的船舶结构设计工程化应用中广泛推广。

　　针对不同航速及波浪参数的影响，进行频域及时域分析讨论，分别对低频波浪载荷和高频波激振动分量进行预报。除此之外，与刚体船体响应计算结果进行对比，着重分析结构弹性变形对水动力的耦合作用影响。对比分析非线性水弹性理论计算结果与试验测试结果，以及未考虑结构弹性的 HydroD-Wasim 软件计算结果，为后续考虑波激振动的高低频复合载荷的疲劳寿命评估校核开展前期工作，为此类宽扁型江海直达船舶结构的设计方法，以及结构安全可靠性评估奠定研究基础。因此，非线性水弹性时域预报方法可快速准确地预报船体高频波激振动及颤振响应特性，避免试验成本及复杂的计算成本。这在结构设计计算和工程化应用中具有极大的应用优势。

采用二维水弹性理论对新一代江海直达船进行响应预报时，船中垂向弯矩响应与波幅、波浪周期都有关，随着波幅增大而增大。对于波浪周期，在实船波浪波长与船长比在 $\lambda/L = 0.42 \sim 1.0$ 区间有严重的波激振动，与试验得到的结果保持一致。

对于宽扁肥大的江海直达船，船体与波浪的相对运动较小，非线性激励主要是入射波引起的瞬态湿表面变化造成的水动力激励影响，砰击引起的瞬态响应占的份额则相对较少。理论预报虽然能准确预报波激谐振的影响，但是对于非线性的倍频激励等影响是无法准确模拟的。

由试验结果可知，在江海直达船主要航线区域内，垂向弯矩非线性部分主要来自波激振动。二维线性水弹性理论计算结果对砰击响应的预估过高，对波激振动预报偏小，但是整体结构响应量值与试验值较为一致。这说明，应用水弹性理论预报江海直达船的在波浪中的结构响应时，需要对砰击压力计算方法进行修正，同时考虑更多的非线性水动力影响因素。

参 考 文 献

[1] von Karman T. The Impact on Seaplane Floats during Landing, NACA-TN-321. Washington D.C.: NACA, 1929.

[2] Wagner H. Landing of Seaplanes, NACA-TM-622. Washington D.C.: NACA, 1933.

[3] Dobrovol'skaya Z N. On some problems of similarity flow of fluid with a free surface. Journal of Fluid Mechanics, 1969, 36(4): 805-829.

[4] Mackie A G. The water entry problem. Journal of Mechanics and Applied Mathematics, 1969, 22(1): 1-17.

[5] Greenhow M. Wedge entry into initially calm water. Applied Ocean Research, 1987, 9(4): 214-223.

[6] Cointe R. Two-dimensional water-solid impact. Journal of Offshore Mechanics and Arctic Engineering, 1989, 111(5): 109-114.

[7] Armand J L, Cointe R. Hydrodynamic impact of a cylinder//Proceedings of the 5th International Offshore Mechanics and Arctic Engineering Symposium, Tokyo, 1987: 609-634.

[8] Logvinovich G V. Hydrodynamics of Flows with Free Boundaries. Kyiv: Naukova Dumka, 1969.

[9] Korobkin A, Gueret R, Malenica S. Hydroelastic coupling of beam finite element model with Wagner theory of water impact. Journal of Fluids and Structures, 2006, 22(4): 493-504.

[10] Tassin A, Jacques N, Alaoui A E M, et al. Assessment and comparison of several analytical models of water impact. International Journal of Multiphysics, 2010, 4(2): 125-140.

[11] 鲍超明. 考虑流体分离的二维有限宽度楔形体入水时域分析. 哈尔滨: 哈尔滨工程大学, 2017.

[12] 段文洋, 朱鑫, 倪阳, 等. 考虑流动分离的有限宽楔形剖面匀速入水受力分析. 船舶力学, 2013, 17(8): 911-919.

[13] Faltinsen O M, Chezhian M. A generalized Wagner method for three-dimensional slamming. Journal of Ship Research, 2005, 49(4): 279-287.

[14] Scolan Y M, Korobkin A A. Energy distribution from vertical impact of a three-dimensional solid body onto the flat free surface of an ideal fluid. Journal of Fluids and Structures, 2003, 17(2): 275-286.

[15] Zhao R, Faltinsen O M. Water entry of two-dimensional bodies. Journal of Fluid Mechanics, 1993, 246: 593-612.

[16] Zhao R, Faltinsen O M, Aarsnes J V. Water entry of arbitray two-dimensional sections with and without flow separation//Proceedings of the 21st Symposium on Naval Hydrodynamics, Washington, 1996: 408-423.

[17] Sun H, Faltinsen O M. Water entry of a bow-flare ship section with roll angle. Journal of Marine Science and Technology, 2009, 14(1): 69-79.

[18] Sun H. A boundary element method applied to strongly nonlinear wave-body interaction problems. Trondheim: Norwegian University of Science and Technology, 2007.

[19] Wang J B, Faltinsen O M. Numerical investigation of air cavity formation during the high-speed vertical water entry of wedges. Journal of Offshore Mechanics and Arctic Engineering, 2013, 135(1): 11101.

[20] Wang J B, Lugni C, Faltinsen O M. Analysis of loads, motions and cavity dynamics during freefall wedges vertically entering the water surface. Applied Ocean Research, 2015, 51: 38-53.

[21] 卢炽华, 何友声, 王刚. 船体砰击载荷问题的非线性边界元分析. 水动力学进展与研究, 1999, 14(2): 169-176.

[22] Wu G X, Sun H, He Y S. Numerical simulation and experimental study of water entry of a wedge in free fall motion. Journal of Fluids and Structures, 2004, 19(3): 277-289.

[23] Stenius I, Rosén A, Kuttenkeuler J. Explicit FE-modelling of fluid-structure interaction in hull-water impacts. International Shipbuilding Progress, 2006, 53(2): 103-121.

[24] Aquelet N, Souli M, Olovsson L. Euler-Lagrange coupling with damping effects: Application to slamming problems. Computer Methods in Applied Mechanics and Engineering, 2006, 195(1-3): 110-132.

[25] 陈震, 肖熙. 平底结构砰击压力的分布. 中国造船, 2005, 46(12): 97-104.

[26] 陈震. 海洋结构物入水砰击载荷与响应研究. 上海: 上海交通大学, 2005.

[27] 曹正林. 高速三体船砰击强度研究. 武汉: 武汉理工大学, 2008.

[28] 彭晟. 三体船砰击载荷研究. 武汉: 武汉理工大学, 2011.

[29] Domínguez J M, Crespo A J C, Gómez-Gesteira M. Optimization strategies for CPU and GPU implementations of a smoothed particle hydrodynamics method. Computer Physics Communications, 2013, 184(3): 617-627.

[30] Valdez-Balderas D, Domínguez J M, Rogers B D, et al. Towards accelerating smoothed particle hydrodynamics simulations for free-surface flows on multi-GPU clusters. Journal of Parallel and Distributed Computing, 2013, 73(11): 1483-1493.

[31] Marrone S, Colagrossi A, Graziani G, et al. Fast free-surface detection and level-set function definition in SPH solvers. Journal of Computational Physics, 2010, 229(10): 3652-3663.

[32] Monaghan J J, Kajtar J B. SPH particle boundary forces for arbitrary boundaries. Computer Physics Communications, 2009, 180(10): 1811-1820.

[33] Mayrhofer A, Rogers B D, Violcau D, et al. Investigation of wall bounded flows using SPH and the unified semi-analytical wall boundary conditions. Computer Physics Communications, 2013, 184(11): 2515-2527.

[34] Shao S. Incompressible SPH simulation of water entry of a free-falling object. International Journal for Numerical Methods in Fluids, 2009, 59(1): 91-115.

[35] Khayyer A, Gotoh H. A higher order Laplacian model for enhancement and stabilization of pressure calculation by the MPS method. Applied Ocean Research, 2010, 32(1): 124-131.

[36] Khayyer A, Gotoh H. Discussion of numerical simulation of impact loads using a partical method. Ocean Engineering, 2010, 37(16): 1477-1479.

[37] Sun Z, Djidjeli K, Xing J T, et al. Coupled MPS-modal superposition method for 2D nonlinear fluid-structure interaction problems with free surface. Journal of Fluids and Structures, 2016, 61: 295-323.

[38] 张雨新. 改进的 MPS 方法及其三维并行计算研究. 上海: 上海交通大学, 2014.

[39] 唐振远. 无网格粒子法 MPS 加速技术开发与应用研究. 上海: 上海交通大学, 2017.

[40] 陈翔, 饶成平, 万德成. MPS 方法数值模拟楔形体入水问题. 计算力学学报, 2017, 34(3): 356-362.

[41] 张友林. MPS-FEM 方法在流固耦合问题中的应用. 上海: 上海交通大学, 2018.

[42] 余谦. 基于大涡模拟的改进 MPS 法模拟楔形体入水砰击. 上海: 上海交通大学, 2013.

[43] 杨超, 张怀新. 基于大涡模拟改进的移动粒子半隐式法模拟平底结构的入水冲击及破坏问题. 船舶力学, 2019, 9: 1070-1085.

[44] Tveitnes T, Fairlie-Clarke A C, Varyani K. An experimental investigation into the constant velocity water entry of wedge-shaped sections. Ocean Engineering, 2008, 35(14-15): 1463-1478.

[45] Krastev V K, Facci A L, Ubertini S. Asymmetric water impact of a two dimensional wedge: A systematic numerical study with transition to ventilation flow conditions. Ocean Engineering, 2018, 147: 386-398.

[46] 孙士明, 颜开, 陈玮琪. 撞水参数对水面弹跳过程运动及流动特性影响的研究. 中国造船, 2019, 60(3): 1-11.

[47] 谢行, 任慧龙, 陶凯东, 等. 应用改进流体体积法的楔形体斜向入水. 上海交通大学学报, 2020, 54(1): 20-27.

[48] Yang Q Y, Qiu W. Computation of slamming forces on 3D bodies with a CIP method//Proceedings of the 29th International Conference on Ocean, Offshore and Arctic Engineering, Shanghai, 2010: 757-764.

[49] 胡子俊. 基于 CIP 方法的物体入水过程研究. 杭州: 浙江大学, 2018.

[50] Brizzolara S, Couty N, Hermundstad O, et al. Comparison of experimental and numerical loads on an impacting bow section. Ships and Offshore Structures, 2008, 3(4): 305-324.

[51] Ochi M K, Motter L E. Prediction of slamming characteristics and hull responses for ship design. Transactions SNAME, 1973, 81: 144-190.

[52] Chuang S L. Experiments on slamming of wedge-shapes bodies. Journal of Ship Research, 1967, 11(3): 190-198.

[53] Chuang S L, Miles D T. Drop test of cones to investigate the three-dimensional effects of slamming. Fort Belvoir: Naval Ship Research and Development Center, 1971.

[54] Zhao R, Faltinsen O M, Aarsnes J V. Water entry of arbitrary two-dimensional sections with and without flow separation//Proceedings of the 21st Symposium on Naval Hydrodynamics, Troutdale, 1996: 408-423.

[55] Wang J B, Lugni C, Faltinsen O M. Experimental and numerical investigation of a freeall wedge vertically entering the water surface. Applied Ocean Research, 2015, 51: 181-203.

[56] 骆寒冰, 刘鑫, 董德龙, 等. 铝制加筋板楔形体入水砰击模型实验研究. 水动力研究与进展, 2014, 29(4): 460-468.

[57] 骆寒冰, 董德龙, 季红叶, 等. 基于 ALE 算法的无转角和有转角铝制加筋板楔形体水弹性砰击的数值模拟研究. 船舶力学, 2017, 21(2): 175-183.

[58] 骆寒冰, 杨宇, 谢芃, 等. 基于 OpenFOAM 的无转角和有转角铝制加筋板楔形体舱段入水砰击载荷数值模拟研究. 船舶力学, 2019, 23(11): 1320-1330.

[59] Xie H, Ren H L, Qu S, et al. Numerical and experimental study on hydroelasticity in water-entry problem of a composite ship-hull structure. Composite Structures, 2018, 201: 942-957.

[60] Wang Y W, Wu W G, Soares C G, et al. Slam-induced loads on a three-dimensional bow with various pitch angles. Journal of Offshore Mechanics and Arctic Engineering, 2020, 142(1): 014502.

[61] Panciroli R, Abrate S, Minak G, et al. Hydroelasticity in water-entry problems: Comparison between experimental and SPH results. Composite Structures, 2012, 94(2): 532-539.

[62] Panciroli R. Water entry of flexible wedges: Some issues on the FSI phenomena. Applied Ocean Research, 2013, 39: 72-74.

[63] Panciroli R, Shams A, Porfiri M. Experiments on the water entry of curved wedges: High speed imaging and particle image velocimetry. Ocean Engineering, 2015, 94: 213-222.

[64] Oh S H, Kwon S H, Chuang J Y. A close look at air pocket evolution in flat impact//Proceedings of the 24th International Workshop on Water Waves and Floating Bodies, Zelenogorsk, 2009: 564-569.

[65] Huera-Huarte F J, Jeon D, Gharib M. Experimental investigation of water slamming loads on panels. Ocean Engineering, 2011, 38(11-12): 1347-1355.

[66] Vincent L, Xiao T, Yohann D, et al. Dynamics of water entry. Journal of Fluid Mechanics, 2018, 846: 508-535.

[67] 佘文轩, 周广利, 郭春雨, 等. 楔形体入水砰击问题研究与流场结构演变的 POD 分析. 中国造船, 2019, 60(2): 36-49.

[68] Watanabe I, Soares C G. Comparative study on the time-domain analysis of non-linear ship motions and loads. Marine Structures, 1999, 12(3): 153-170.

[69] Hermundstad O A, Moan T. Numerical and experimental analysis of bow flare slamming on a Ro-Ro vessel in regular oblique waves. Journal of Marine Science and Technology, 2005, 10: 105-122.

[70] 陈占阳, 任慧龙, 孙芳胜. 外张砰击压力时间分布的模型试验. 上海交通大学学报, 2013, 47(6): 904-908.

[71] Camilleri J, Taunton D J, Temarel P. Full-scale measurements of slamming loads and responses on high-speed planning craft in waves. Journal of Fluids and Structures, 2018, 81: 201-229.

[72] Kvalsvold J, Faltinsen O M. Hydroelastic modeling of wet deck slamming on multihull vessels. Journal of Ship Research, 2021, 39(3): 225-239.

[73] Faltinsen O M, Kvalsvold J, Aarsnes J V. Wave impact on a horizontal elastic plate. Journal of Marine Science and Technology, 1997, 2(2): 87-100.

[74] Khabakhpasheva T I, Korobkin A A. Elastic wedge impact onto a liquid surface: Wagner's solution and approximate models. Journal of Fluids and Structures, 2013, 36: 32-49.

[75] Shams A, Porfiri M. Treatment of hydroelastic impact of flexible wedges. Journal of Fluid Structures, 2015, 57: 229-246.

[76] Jalalisendi M, Porfiri M. Water entry of compliant slender bodies: Theory and experiments. International Journal of Mechanical Sciences, 2018, 149: 514-529.

[77] Maki K J, Lee D, Troesch A W, et al. Hydroelastic impact of a wedge-shaped body. Ocean

Engineering, 2011, 38(4): 621-629.

[78] Stenius I, Rosén A, Kuttenkeuler J. Hydroelastic interaction in panel-water impacts of high-speed craft. Ocean Engineering, 2011, 38(2-3): 371-381.

[79] Battley M, Allen T. Servo-hydraulic system for controlled velocity water impact of marine sandwich panels. Experimental Mechanics, 2012, 52: 95-106.

[80] Stenius I, Rosén A, Battley M, et al. Experimental hydroelastic characterization of slamming loaded marine panels. Ocean Engineering, 2013, 74: 1-15.

[81] Hassoon O H, Tarfaoui M, Alaoui A E M, et al. Experimental and numerical investigation on the dynamic response of sandwich composite panels under hydrodynamic slamming loads. Composite Structures, 2017, 178: 297-307.

[82] Hassoon O H, Tarfaoui M, Alaoui A E M, et al. Mechanical behavior of composite structures subjected to constant slamming impact velocity: An experimental and numerical investigation. International Journal of Mechanical Sciences, 2018, 144: 618-627.

[83] Hassoon O H, Tarfaoui M, Qureshi Y, et al. Mechanical performance evaluation of sandwich panels exposed to slamming impact: Comparison between experimental and SPH results. Composite Structures, 2019, 220: 776-783.

[84] 卢炽华, 何友声. 二维弹性结构入水冲击过程中的流固耦合效应. 力学学报, 2000, 32(2): 129-140.

[85] Lu C H, He Y S, Wu G X. Coupled analysis of nonlinear interaction between fluid and structure during impact. Journal of Fluids and Structures, 2000, 14(1): 127-146.

[86] 贺梦豪. 波纹夹芯杂交夹层入水砰击力学特性研究. 武汉: 华中科技大学, 2016.

[87] 赵飞. 典型金属夹芯夹层楔形体板入水砰击力学特性分析. 武汉: 华中科技大学, 2013.

[88] 孙华. 弹塑性结构入水冲击问题研究. 上海: 上海交通大学, 2018.

[89] Hirdaris S E, Bai W, Dessi D, et al. Loads for use in the design of ships and offshore structures. Ocean Engineering, 2014, 78: 131-174.

[90] Temarel P, Bai W, Bruns A, et al. Prediction of wave-induced loads on ships: Progress and challenges. Ocean Engineering, 2016, 119: 274-308.

[91] Bishop R E D, Price W G. Hydroelasticity of Ships. Cambridge: Cambridge University Press, 1979.

[92] Wu Y S. Hydroelasticity of floating bodies. London: University of Brunel, 1984.

[93] Wu Y S, Price W G. A general form of interface boundary condition of fluid-structure interaction and its application. Chinese Society of Naval Architecture and Marine Engineering, 1985, 1(1): 66-87.

[94] Kim Y, Kim J H. Benchmark study on motions and loads of a 6750-TEU containership. Ocean Engineering, 2016, 119: 262-273.

[95] Tian C, Wu Y S, Chen Y Q. Numerical predictions on the hydroelastic responses of a large bulk carrier in waves//Proceedings of the 5th International Conference on Hydroelasticity in Marine Technology, Southampton, 2009: 289-302.

[96] 田超. 航行船舶的非线性水弹性理论与应用研究. 上海: 上海交通大学, 2007.

[97] 倪歆韵, 程小明, 张正伟, 等. 三维水弹性分析中不规则频率消除及在船舶上的应用. 中

国造船, 2019, 60(1): 75-85.

[98] 杨鹏, 顾学康, 程小明, 等. 有限水深三维脉动源格林函数数值算法研究. 船舶力学, 2016, 20(1-2): 57-67.

[99] Yang P, Li J R, Gu X K, et al. Application of the 3D time-domain Green's function for finite water depth in hydroelastic mechanics. Ocean Engineering, 2019, 189: 106386.

[100] Chen Z Y, Yu C, Dong P S. Rankine source method analysis for nonlinear hydroelastic responses of a container ship in regular oblique waves. Ocean Engineering, 2019, 187: 106168.

[101] Chen Z Y, Gui H B. Research on whipping and springing responses of hull based on different experimental method and nonlinear hydroelastic time-domain theory. Journal of Ship Mechanics, 2017, 21(9): 1145-1159.

[102] Malenica S, Derbanne Q. Hydro-structural issues in the design of ultra large container ships. International Journal of Naval Architecture and Ocean Engineering, 2014, 6(4): 983-999.

[103] Kim J H, Kim Y. Numerical analysis on springing and whipping using fully-coupled FSI models. Ocean Engineering, 2014, 91: 28-50.

[104] Kim J H, Kim Y, Yuck R H, et al. Comparison of slamming and whipping loads by fully coupled hydroelastic analysis and experimental measurement. Journal of Fluids and Structures, 2015, 52: 145-165.

[105] Ge C, Faltinsen O M, Moan T. Global hydroelastic response of catamarans due to wetdeck slamming. Journal of Ship Research, 2005, 49(1): 24-42.

[106] Lakshmynarayanana P A K, Temarel P, Chen Z. Coupled fluid-structure interaction to model three-dimensional dynamic behavior of ship in waves//Proceedings of the 7th International Conference on Hydroelasticity in Marine Technology, Southampton, 2015: 623-636.

[107] Lakshmynarayanana P A K, Hirdaris S. Comparison of nonlinear one- and two-way FFSI method for the prediction of the symmetric response of a container ship in waves. Ocean Engineering, 2020, 203: 107179.

[108] Moctar O E, Ley J, Oberhagemann J, et al. Nonlinear computational methods for hydroelastic effects of ships in extreme seas. Ocean Engineering, 2017, 130: 659-673.

[109] Oberhagemann J, Holtmann M, Moctar O E, et al. Stern slamming of a LNG carrier. Journal of Offshore Mechanics and Arctic Engineering, 2009, 131(3): 31103.

[110] Kirtley E K N, Sultani-Wright K V, Morgan J M, et al. Prediction of whipping response during preliminary design//Proceedings of the 11th International Symposium on Practical Design of Ships and Other Floating Structures, Rio de Janeiro, 2010: 1315-1324.

[111] Kim D H, Troesch A W. An application of design load generator to predict extreme dynamic bending moments//Proceedings of the 29th International Conference on Ocean, Offshore and Arctic Engineering, Shanghai, 2010: 635-643.

[112] Kim D H, Engle A H, Troesch A W. Estimates of long-term combined wave bending and whipping for two alternative hull forms//Proceedings of the 2nd Institute of Electrical and Electronics Engineers Conference on Visual Communications and Image Processing, San Diego, 2012: 195-217.

[113] Watanabe I, Ueno M, Sawada H. Effects of bow flare shape to the wave loads of a container ship.

Journal of the Society of Naval Architects of Japan, 1989, (166): 259-266.

[114] 林吉如, 郑苏龙, 孙勇, 等. 整体弹性船模试验技术. 中国造船, 1992, 2: 63-71.

[115] Storhaug G, Choi B K, Moan T, et al. Consequence of whipping and springing on fatigue for a 8600TEU container vessel in different trades based on model test//Proceedings of the 11th International Symposium on Practical Design of Ships and Other Floating Structures, Rio de Janeiro, 2010: 1180-1189.

[116] Storhaug G, Derbanne Q, Choi B K, et al. Effect of whipping on fatigue and extreme loading of a 13000TEU container vessel in bow quartering seas based on model test//Proceedings of the 30th International Conference on Ocean, Offshore and Arctic Engineering, Rotterdam, 2011: 293-302.

[117] Storhaug G. Experimental investigation of wave induced vibrations and their effect on the fatigue loading of ships. Norway: Norwegian University of Science and Technology, 2007.

[118] Zhu S J, Wu M K, Moan T. Experimental investigation of hull girder vibrations of a flexible backbone model in bending and torsion. Applied Ocean Research, 2011, 33(4): 252-274.

[119] Zhu S J, Wu M K, Moan T. Experimental and numerical study of wave-induced load effects of open ships in oblique seas. Journal of Ship Research, 2011, 55(2): 100-123.

[120] Zhu S J, Hermundstad O A, Iijima K, et al. Wave-induced load effects of a backbone model under oblique seas in a towing tank//Proceedings of the 11th International Symposium on Practical Design of Ships and Other Floating Structures, Rio de Janeiro, 2010: 241-249.

[121] Drummen I, Wu M K, Moan T. Numerical and experimental investigation into the application of response conditioned waves for long-term nonlinear analyses. Marine Structures, 2009, 22(3): 576-593.

[122] Drummen I, Wu M K, Moan T. Experimental and numerical study of container ship responses in severe head seas. Marine Structures, 2009, 22(2): 172-193.

[123] Drummen I. Experimental and numerical investigation of nonlinear wave-induced load effects in containerships considering hydroelasticity. Trondheim: Norwegian University of Science and Technology, 2008.

[124] 汪雪良, 顾学康, 胡嘉骏. 基于模型试验与三维水弹性理论的船舶波激振动响应研究. 船舶力学, 2012, 16(8): 915-925.

[125] 汪雪良, 赵南, 丁军, 等. VLCC 在波浪中弹性响应的理论与模型试验研究. 船舶力学, 2016, 20(1-2): 127-136.

[126] 汪雪良, 胡嘉骏, 顾学康, 等. 超大型矿砂船波激振动及颤振研究. 江苏科技大学学报: 自然科学版, 2010(2): 120-124.

[127] 陈占阳, 李志鹏. 不同浪向下超大型船舶载荷响应特征的模型试验研究. 振动与冲击, 2017, 36(19): 112-118.

[128] 陈占阳, 任慧龙, 李辉, 等. 超大型船舶变截面梁分段模型的载荷试验研究. 哈尔滨工程大学学报, 2012, 33(3): 263-268.

[129] 陈占阳, 任慧龙, 孙芳胜. 外张砰击压力时间分布的模型试验. 上海交通大学学报, 2013, 47(6): 904-908.

[130] 焦甲龙, 任慧龙, 于海成. 船舶在斜浪规则波中的载荷响应分析. 上海交通大学学报,

2016, 50(3): 407-412.

[131] 焦甲龙. 实际海浪环境中舰船大尺度模型运动与载荷响应试验研究. 哈尔滨: 哈尔滨工程大学, 2016.

[132] 焦甲龙, 赵玉麟, 张皓, 等. 船舶波浪载荷与砰击载荷的大尺度模型水弹性试验研究. 振动与冲击, 2019, 38(20): 229-236.

[133] Jiao J L, Yu H C, Chen C H, et al. Time-domain numerical and segmented ship model experimental study on ship hydroelastic responses and whipping loads in harsh irregular seaways. Ocean Engineering, 2019, 185: 59-81.

[134] 王一雯, 吴卫国, 刘正国, 等. 基于弯扭组合的江海直达船舶波激振动模型试验研究. 振动与冲击, 2018, 37(12): 193-200.

[135] 王一雯, 吴卫国, 郑成. 宽扁肥大船型波激振动响应研究. 振动与冲击, 2020, 39(18): 174-180.

[136] Wang Y W, Wu W G, Soares C G. Experimental and numerical study of the hydroelastic response of a river-sea-going container ship. Journal of Marine Science and Engineering, 2020, 8(12): 1-20.

[137] Storhaug G. The measured contribution of whipping and springing on the fatigue and extreme loading of container vessels. International Journal of Naval Architecture and Ocean Engineering, 2014, 6(4): 1096-1110.

[138] Gaidai O, Storhaug G, Naess A. Extreme large cargo ship panel stresses by bivariate ACER method. Ocean Engineering, 2016, 123: 432-439.

[139] Gaidai O, Storhaug G, Naess A. Statistics of extreme hydroelastic response for large ships. Marine Structures, 2018, 61: 142-154.

[140] Koning J, Schiere M. Measuring hull girder deformations on a 9300 TEU containership. International Journal of Naval Architecture and Ocean Engineering, 2014, 6(4): 1111-1129.

[141] Mathisen J, Storhaug G, Heggelund S E. Whipping vibrations in bending stresses measured under harsh stationary conditions//Proceedings of the 5th International Conference on Hydroelasticity in Marine Technology, Southampton, 2009: 203-212.

[142] Heggelund S E, Storhaug G, Oma N. Consequence of whipping and springing on fatigue and extreme loading for a LNG vessel based on onboard measurements//Proceeding of the 9th International Symposium on Practical Design of Ships and Other Floating Structures, Rio de Janeiro, 2010: 1173-1179.

[143] Andersen I M V, Jensen J J. Measurements in a container ship of wave-induced hull girder stresses in excess of design values. Marine Structures, 2014, 37: 54-85.

[144] Stavovy A B, Chuang S L. Analytical determination of slamming pressures for high-speed vehicles in waves. Journal of Ship Research, 1976, 20(4): 190-198.

[145] Ali-Lavroff J, Davis M, Holloway D, et al. The vibratory responses of high-speed catamarans to slamming investigated by hydroelastic segmented model experiments. Transactions of the Royal Institution of Naval Architects Part A: International Journal of Maritime Engineering, 2009, 151(4): 1-13.

[146] Zhu S, Moan T. Nonlinear effects from wave-induced maximum vertical bending moment on a flexible ultra-large containership model in severe head and oblique seas. Marine Structures, 2014, 35: 1-25.

[147] Baarholm G S, Jensen J J. Influence of whipping on long-term vertical bending moment. Journal of Ship Research, 2004, 48(4): 261-272.